Angústia

PSICANÁLISE PASSO-A-PASSO
Direção: Marco Antonio Coutinho Jorge

Ver lista de títulos no final do volume

Sonia Leite

Angústia

2ª reimpressão

ZAHAR

Jorge Zahar Editor Ltda.
rua Marquês de S. Vicente 99 – 1º | 22451-041 Rio de Janeiro, RJ
tel (21) 2529-4750 | fax (21) 2529-4787
editora@zahar.com.br | www.zahar.com.br

2ª reimpressão: 2016

Grafia atualizada respeitando o novo Acordo Ortográfico da Língua Portuguesa

Revisão: Maria Helena Torres, Tamara Sender
Composição: Letra e Imagem
Capa: Sérgio Campante

CIP-Brasil. Catalogação na fonte
Sindicato Nacional dos Editores de Livros, RJ

Leite, Sonia
L55a Angústia / Sonia Leite. – Rio de Janeiro: Zahar, 2011
(Passo-a-passo; 92)

ISBN 978-85-378-0522-0

1. Teoria do conhecimento. I. Título. II. Série.

CDD: 152.43
10-6594 CDU: 159.964

Sumário

Introdução 7

Angústia na filosofia 8

A expansão do campo médico e a angústia 17

Psiquiatria contemporânea: o lugar da angústia na CID-10 31

Freud e as duas teorias da angústia 38

Silêncio, solidão, escuridão: as faces do desamparo 54

Lacan: angústia, afeto que não engana 58

A clínica psicanalítica e a travessia da angústia 75

Referências e fontes 87

Leituras recomendadas 92

Sobre a autora 94

Introdução

"Tenho medo de uma tragédia... não sei dizer qual... Quando me dá esse medo parece que tem algo apertando a minha garganta."

"Sinto uma coisa aqui dentro de mim... não sei explicar. Algo me sufoca, tenho suores e dificuldade de respirar."

"Antes de vir aqui, fui parar na Emergência do Miguel Couto... achei que estava tendo um infarto!"

"De vez em quando tenho uma apreensão no peito, uma expectativa de que pode acontecer uma catástrofe."

"Sinto muita pressão na cabeça, fico desesperada. Em casa dizem que estou ficando maluca."

"Psicanálise cura crise de ansiedade?"

As frases transcritas acima, ouvidas na clínica particular e em atendimentos em uma Emergência Psiquiátrica, indicam a presença inexorável de um sofrimento que invade o corpo do sujeito. A angústia é real. Ela conduz muitas pessoas em momentos de crise a procurar ajuda médica em clínicas e hospitais públicos e particulares quando nada parece poder apaziguá-las. Existe, de fato, uma urgência na angústia e por isso a interrogação da paciente – incrédula – que busca uma cura imediata para algo que invade seu corpo.

A palavra "urgência", oriunda do latim *urger*, significa urgir, estar iminente, ou, ainda, o que aperta, constrange, atormenta e exige uma ação, não permitindo demora. Nenhuma palavra, além daquelas que descrevem os sintomas corporais, parece possível: "Tenho um aperto no peito! Às vezes parece que meu peito vai se abrir." "A cabeça dói. Sinto tonturas." Nenhum sentido: "Isso surge de repente, não consigo entender o porquê." Nenhuma relação entre o sofrimento e os acontecimentos imediatos da vida ou mesmo com a história do sujeito. É o corpo que, em sua materialidade, se manifesta, *grita*.

Nas situações mais extremas – as crises de angústia –, a impressão que se tem é de que somente a intervenção médica, ou seja, a prescrição de remédios, poderá oferecer um alívio para o sofrimento que urge e desespera o sujeito.

Mas, afinal, o que é a angústia? E o que a psicanálise tem a oferecer para aquele que se vê atravessado por tal experiência?

Essas são algumas questões que este trabalho se propõe a responder.

Angústia na filosofia

Não se pode desconsiderar que, desde sempre, a angústia é uma questão que acompanha a história do homem. Presente nos ensinamentos dos grandes filósofos, na tragédia grega e nos textos de poetas e escritores, tem sido um tema inspirador para muitos.

Uma das mais antigas indicações sobre essa vivência encontra-se na conhecida "Alegoria da caverna", livro VII da *República*, de Platão (428/7-348/7 a.C.), quando ele sublinha a diferença entre o mundo sensível e o inteligível, indicando que o verdadeiro conhecimento se concretiza quando se tem acesso a este último. O filósofo grego destaca, nesse célebre ensaio, a necessária passagem das trevas para a luz apontando que, no caminho em direção ao conhecimento, há um trabalho a ser realizado que num primeiro momento ofusca e cega o homem. Não estaria, aqui, uma das primeiras referências indiretas à experiência da angústia como ausência de representação e sentido?

Cícero (106-43 a.C.), filósofo, orador e advogado romano, influenciado por Platão, é o primeiro a definir a angústia como o lugar estreito, a dificuldade, a miséria, a falta de tempo (*angustia temporis*) e o ânimo covarde (*angustus animus*). Em Sêneca (4 a.C.-65 d.C.) encontramos a temática especialmente no pequeno tratado de filosofia *Tranquilidade da alma*, estruturado na forma de um diálogo entre o filósofo e seu amigo Sereno. O amigo – malgrado o nome – vive momentos de muita aflição em relação à vida e às escolhas que se lhe apresentam e é ele quem dá início a esse belo tratado, solicitando a Sêneca esclarecimentos que aplaquem sua angústia interior e o conduzam a um estado de tranquilidade da alma. Sêneca, então, discursa sobre o mal que inclui tanto aqueles que se atormentam por uma "inconstância de humor, seres que sempre amam somente aquilo que abandonaram" quanto "aqueles que só sabem suspirar e bocejar ... e se viram e reviram como as pessoas que não conseguem dormir ...". Considera que existem inúmeras variedades desse mal, porém, segundo o filósofo, todas conduzem ao mesmo resultado: o descontentamento consigo mesmo.

O interessante nesse tratado é que Sêneca não responde diretamente às perguntas e dúvidas do amigo, dissertando ao longo das páginas – que se destacam como as mais brilhantes e vivazes do pensador romano – sobre como contornar os obstáculos cotidianos que impedem a paz interior.

Para além do campo filosófico, o tema também encontrará grande expressão no Cristianismo, como forma de representação do desamparo do homem diante do que é nomeado como o silêncio e as trevas – que são, em última instância, a representação do mal. Nessa perspectiva, é pela fé cristã em Deus que o homem poderá se livrar das aflições da vida terrena, encontrando um caminho libertador. Num importante trecho da Bíblia, sobre os Jardins de Getsêmani, existe uma referência ao que teria sido o estado máximo de angústia vivido por Cristo. O que aí se expressa é um momento de extrema humanidade e solidão que se soluciona com a invocação feita a Deus no instante da máxima agonia. Nesse ponto, Jesus ora três vezes, fato que vai servir de modelo a todo cristão: é necessário orar continuamente para vencer as atribulações, porque a angústia sempre retorna. No Cristianismo, e em inúmeras outras religiões, a fé é a resposta para a angústia.

A partir da Idade Moderna, com a emergência da noção de indivíduo e de individualismo, o tema encontrará seu apogeu na corrente filosófica denominada Existencialismo. O filósofo e teólogo dinamarquês Sören Kierkegaard é considerado seu iniciador. Sustentando a perspectiva religiosa, toma como referência principal para a existência humana as noções de angústia e desespero. Coloca em relevo a ideia de que, assim como Cristo se angustiou até o instante derradeiro, a experiência da angústia é algo inevitável, sendo indicativa do encontro do homem com um momento crucial em que é colocado à prova diante de uma vasta possibilidade de escolhas.

Para o filósofo, a angústia e o desespero estão em estreita relação, pois ambos os sentimentos levam o homem à necessidade de síntese entre finito e infinito, temporal e eterno, liberdade e necessidade. Como somos únicos, filhos de nossa época, e como vivemos uma única vez, conclui que nossa importância tem que ser maior do que a do universo como um todo. Mas o que é o indivíduo?, interroga. É o espírito, ou eu, afirma.

Para Kierkegaard é o espírito que realiza a síntese da alma e do corpo. O espírito, ou eu, é, por um lado, o elemento terceiro necessário à humanização e, por outro, aquilo que capacita o homem a se aproximar de Deus. Essa aproximação só é possível através do desespero, cuja vivência foi muitas vezes exaltada pelo filósofo que fez dos impasses da vida pessoal o fundamento de sua filosofia.

E como se efetiva a relação do espírito consigo mesmo e com sua condição? O filósofo responde: através da angústia. A angústia coloca para o homem a *experiência da possibilidade das possibilidades.* Mas como a possibilidade é em si mesma desconhecida ela é, também, o encontro com o nada. Dessa maneira, a angústia conduz o homem a se deparar com o abismo e com a necessidade de seguir em direção ao que Kierkegaard denomina *salto.* O salto, para o filósofo, é inexplicável e imprevisível, mas é a única maneira de o homem se encontrar com as possibilidades da existência.

O poeta francês Charles Baudelaire, ao final da poesia "A viagem", incluída no livro *As flores do mal,* expressa bem claramente esse momento: "No abismo mergulhar, Inferno ou Céu, que importa?/ Ao fundo do desconhecido para descobrir o novo!"

É interessante perceber que a psicanálise, apesar de fundamentada em conceitos que se distanciam da filosofia, também destaca que é o encontro com a angústia que vai permitir ao homem uma travessia capaz de fazê-lo descobrir suas possibilidades. Voltaremos a esse tema mais adiante.

Kierkegaard sublinha ainda a humanidade da angústia, observando que não se encontra nenhuma angústia no ser bruto, ou seja, no homem cuja natureza não esteja lapidada como espírito. Acrescenta que quanto menos espírito, menos angústia. Prossegue, considerando que a presença do espírito traz a consciência de que não há nenhum saber absoluto acerca do bem ou do mal e, assim, todo esse impossível se projeta na angústia, como fundo imenso do nada correspondente à ignorância. É, portanto, o encontro com o *nada* que engendra a angústia, fato que para o filósofo é, simultaneamente, o encontro com aquilo que é parte do divino.

Num importante trecho de seu livro *O conceito de angústia*, Kierkegaard considera que existem pessoas que se jactam de não se angustiar. Afirma que a essas pessoas responderia que realmente não devemos nos angustiar por pessoas e coisas, porém, destaca que somente aquele que tenha tido a *angústia da possibilidade* estará educado para não cair presa de angústia. Também para a psicanálise, como veremos, existe a angústia neurótica, que pode ser elaborada através de um tratamento. Por outro lado, não há como curar o homem da angústia como encontro do real, isto é, como encontro daquilo que é a falta última, o não-sentido, pano de fundo de toda existência. O filósofo defende ainda, de uma forma bastante interessante e, num certo sentido, avessa a uma dada perspectiva contemporânea, que a angústia é uma experiência que deve ser buscada ativamente pelo homem sensível.

Martin Heidegger, filósofo existencialista alemão, retoma a temática da existência humana na acepção existencialista kierkegaardiana e a descreve fenomenologicamente, isto é, descreve suas estruturas significativas essenciais. Seguramente foi um dos grandes pensadores do século XX, quer pela recolocação do problema do ser e pela refundação da ontologia, quer pela importância que atribuiu ao conhecimento da tradição filosófica e cultural. Com sua inovadora leitura contribuirá, decisivamente, para elucidar questões filosóficas fundamentais, entre elas a da angústia.

O tema será tratado, em especial, em dois trabalhos. No primeiro, *Que é metafísica?*, um pequeno ensaio de 1956, introduz a questão da angústia articulando-a à questão do nada, como fizera Kierkegaard. Partindo da perspectiva da ciência, cujo objetivo é a manifestação do *ente*, ou seja, da matéria, do objeto, através da exatidão e do rigor, considera que a pesquisa científica, ao visar apenas o ente, deixa de lado, rejeita exatamente o *nada*. Estabelece que a função da filosofia é reintroduzir o nada, interrogando: "Que é o nada? ... Onde encontramos o nada?" Responde que, para encontrar algo, é preciso já saber de alguma forma que esse algo existe, pois o homem somente é capaz de buscar ao se antecipar à presença do que busca. Acredita que a disposição de humor que nos leva em direção ao nada é a angústia. Passa, então, à descrição dessa experiência introduzindo ideias que muito influenciaram as pesquisas psicanalíticas na perspectiva lacaniana.

Heidegger destaca que a angústia é sempre angústia *diante de*, mas não angústia diante disto ou daquilo, especificamente. O filósofo sublinha o caráter de indeterminação, ou melhor, a impossibilidade de determinação daquilo que produz esse estado. Prossegue dizendo que na angústia existe um caráter de estranhamento no qual nós e todas as coisas se afundam numa absoluta indiferença. Esse afastamento do ente em sua totalidade, que assedia o homem na angústia, tem a forma de uma opressão, pois nesse momento desaparece toda espécie de apoio. Só resta e sobrevém – na *fuga do ente*, como denomina – esse *nenhum*. Assim, num certo sentido, dando continuidade ao pensamento de Kierkegaard, considera que a angústia é aquilo que manifesta o nada.

O que caracteriza, segundo Heidegger, o referente da angústia é o fato de o ameaçador não se encontrar em lugar algum. *Lugar algum* não é um mero nada negativo, mas um sempre presente que, de tão próximo, sufoca a respiração. Aqui Jacques Lacan encontrou uma importante referência para a sua definição de objeto da angústia – o objeto *a*, que será discutido mais adiante.

Outro aspecto que o filósofo destaca é que a angústia *corta* a palavra. E que o fato de muitas vezes se procurar na estranheza da angústia romper o vazio do silêncio com palavras sem nexo é apenas o testemunho da presença do nada.

No segundo trabalho em que trata do tema – sua obra inacabada *Ser e tempo* –, ao ressaltar a importância dessa experiência Heidegger indica que apenas na clara noite do nada da angústia surge a originária abertura do ente enquanto tal. É essa abertura que conduz à transcendência, elemento que interessa à metafísica e ao homem como ser vivente, visto que, segundo o filósofo, somente através da transcendência é possível estar além do ente. E conclui que, sem a originária revelação do nada, não há o ser-livre que capacita o homem a assumir e escolher a si-mesmo.

O filósofo eleva o status da angústia a tal ponto que, para ele, todas as organizações sociais (instituições, hábitos etc.) não passam de formações defensivas contra a angústia. Além disso, afirma que o homem só atinge uma existência autêntica quando reconhece que a vida é uma corrida para a morte, ou seja, quando subordina a vida ao fato da morte, o que supõe a experiência básica da angústia.

A angústia não é um sentimento que acompanha a reflexão e que pode ser abstraído do mundo sensível viabilizando ao homem "pensar" o mundo como algo inteligível. A angústia é abertura para o mundo, ou melhor, é o que abre o mundo. Essa premissa lembra o que Lacan, no seminário *A angústia*, denomina *pré-sentimento*, no duplo sentido, pois a angústia ainda não é o sentimento propriamente dito, com um conteúdo específico, e, por isso mesmo, revela estranheza, sensação de exílio, espanto revelador da morada originária.

Outro importante filósofo existencialista que se dedicou ao estudo da angústia foi o francês Jean-Paul Sartre. Além de suas famosas obras filosóficas (*A náusea* e *O ser e o nada*), escreveu vários romances, contos e peças teatrais, dentre as quais destaco *Entre quatro paredes*, publicada em 1944. É nessa peça que se encontra sua famosa frase: "O inferno são os outros", quando descreve o embate entre uma consciência e outra. Os *outros*, para Sartre, são todos aqueles que, voluntária ou involuntariamente, nos revelam a nós mesmos. Ao descrever o *estádio do espelho*, tema que será discutido adiante, Lacan explica esse processo como uma luta de prestígio, constitutiva das relações humanas e indicativa da preponderância do imaginário sobre o simbólico. É este último que viabiliza a mediação no encontro com o semelhante. O conceito de inconsciente, ausente na filosofia existencialista, será fundamental para compreender esse processo.

Para Sartre, a angústia é fruto da consciência de responsabilidade diante das escolhas no mundo, por isso ele afirma que a *existência precede a essência*. As escolhas não são apenas individuais, envolvem outros homens e o próprio destino da humanidade. Não se pode fugir da angústia a não ser, como ele considera, por uma atitude de *má-fé*, escapando da angústia provocada pela liberdade de escolha, fugindo à responsabilidade de assunção da própria escolha, deixando que algum outro decida em seu lugar. E a má-fé, segundo o filósofo, tem suas consequências: o homem abre mão da possibilidade de construir a própria essência.

É indiscutível a importância dessas reflexões no estudo do nosso tema, ainda que as peculiaridades do pensamento filosófico o distanciem da abordagem psicanalítica. Por um lado, o Existencialismo destaca a posição central da angústia na vida humana e, por outro, procura explicá-la a partir da noção de consciência e de uma perspectiva universal, visto que a filosofia é uma forma de saber que generaliza as questões humanas. É nesse ponto que se situa a principal contribuição da filosofia para o tema da angústia, ao colocar em destaque a *humanidade* desse afeto, isto é, sua relação visceral com a existência do homem.

A expansão do campo médico e a angústia

É comum considerar que a angústia, junto com a depressão, seria uma resposta do homem às diversas pressões do mundo contemporâneo, ao mal-estar na atualidade.

Quando se toma a ideia de angústia, especialmente numa das vertentes do filósofo Cícero, a da falta de tempo, a *angustia temporis*, temos que concordar que o homem hoje é um ser angustiado por excelência.

De fato, tem sido lugar-comum escutarmos queixas de pessoas que sofrem de angústia. Por sua vez, os meios de comunicação também veiculam, frequentemente, a presença desse mal contemporâneo utilizando expressões como *estresse*, *tensão*, *síndrome do pânico*, *transtorno bipolar* etc. Mas, na realidade, a temática da angústia é, como vimos, tão antiga quanto a humanidade, e o que se verifica são diferentes interpretações para esse afeto em função da hegemonia de certos saberes sobre o ser humano presentes na sociedade ao longo do tempo.

No trabalho intitulado *O nascimento da clínica*, o importante filósofo francês Michel Foucault destaca como o discurso médico, a partir da Idade Moderna, ocupou cada vez mais o campo social, fornecendo as explicações e as soluções necessárias aos principais impasses humanos. Afirma que a medicina foi a primeira ciência humana, ou seja, a primeira que transformou o homem – seu corpo – em objeto de investigação.

Se tradicionalmente os manuais de história da medicina estabelecem uma espécie de evolução entre a medicina clássica (pré-científica) e a medicina científica, Foucault, a partir de suas pesquisas, conceberá essa trajetória de outra maneira. O filósofo relativizará as diferenças entre pré-ciência e ciência demonstrando que cada época, cada cultura, cria o seu modo próprio de explicar o que é doença e o que é sofrimento humano, estabelecendo também modos próprios de solucioná-los. Conclui, a partir daí, que os objetos científicos não são naturezas que existem *a priori*, independentes de uma determinada prática. Na realidade, são as práticas exercidas num determinado momento da história que desenham um determinado objeto de intervenção, pois o objeto é o correlato da prática. Isso significa dizer que as práticas científicas, como quaisquer outras, são relativas, dependem de onde, de como e de quem as exercita. É o que se verifica, por exemplo, com relação ao objeto *doença mental*, que se constitui simultaneamente ao nascimento da psiquiatria, como será discutido mais à frente.

Dessa maneira, Foucault critica a perspectiva evolucionista, que acredita num aperfeiçoamento do saber cujo corolário seria o discurso científico. Considera que, no que diz respeito ao ser humano, os mitos, a filosofia, a religião e mesmo o saber do senso comum – tidos como saberes não científicos – carregam importantes verdades sobre o homem que não devem ser minimizadas em nome de um saber supostamente melhor e mais desenvolvido, que seria o da ciência.

Foucault demonstra que, no século XVII e início do XVIII, a medicina clássica funda o objeto *doença* pautada no modelo da história natural, disciplina descritiva e classificatória. Nesse momento a doença não é concebida como algo que se localiza dentro do corpo, mas como um elemento da natureza – assim como os animais e as plantas – que deve ser classificado a partir de um *olhar de su-*

perfície, de modo a ser controlado e tratado pelo médico. Por sua vez, o surgimento da medicina científica, em fins do século XVIII, dependeu da emergência e do avanço de outras ciências, como a biologia (e, mais especificamente, a anatomia patológica), que permitiu que o olhar médico se tornasse um *olhar de profundidade*, como indica o filósofo. A partir de tais pesquisas, a observação médica pôde atravessar o corpo humano em direção à sua interioridade, tornando visível o que até então era invisível.

Se com a dissecação de cadáveres na formação médica foram os órgãos do corpo que, inicialmente, adquiriram visibilidade e indicaram a localização das causas das doenças, na atualidade, com o avanço da genética, são os genes que ganham destaque cada vez maior na explicação de todos os problemas humanos. Assim, as pesquisas médicas científicas foram e continuam a ser fundamentais para o aprimoramento do saber sobre o homem. O que se ressalta aqui é que, com o passar do tempo, o poder discursivo da medicina científica se expandiu de tal forma para o campo social que hoje é possível identificar a presença de um ponto de vista médico em quase todas as facetas da existência. Ponto de vista que ganha cada vez mais reverência e estatuto de verdade última. A expansão dessa forma hegemônica de interpretação, identificada por Foucault, foi denominada por ele de *biopoder*.

Essa política, ou biopolítica, firmou-se no início do século XIX, a partir de uma perspectiva higienista, e consolidou-se como medicina social ao construir técnicas de intervenção nos grupos e na sociedade em geral visando à prevenção e ao controle de determinadas doenças. Assim, ampliou seu poder na determinação do que é o bem e do que é o mal do ponto de vista individual e social. A intervenção médica, inicialmente restrita ao indivíduo e depois abrangendo aqueles que frequentavam as instituições hospitalares, se expandiu gradativamente a toda a tessitura do campo social, que passou, então, a ser atravessado em sua totalidade pela lógica do saber médico.

Foucault demonstra como a medicina psiquiátrica se constitui aos poucos em contraponto à prática médica científica. A impossibilidade de localizar a origem da doença mental no corpo levou, ainda no início do século XIX, os primeiros alienistas – denominação inicial dos psiquiatras – a encontrar na medicina clássica um suporte para essa prática nascente e a adiar a possibilidade de encontrar a origem dessas doenças no cérebro ou no orgânico de um modo geral. Ou seja, a medicina psiquiátrica nasceu tendo como base o modelo descritivo e classificatório oriundo da medicina clássica, e grande parte do esforço do discurso psiquiátrico em toda a sua história tem sido buscar uma validação científica que justifique a inclusão da loucura sob a jurisdição da medicina.

Esses pontos ficam bem delineados no trabalho intitulado *História da loucura*, no qual Foucault ressalta que a experiência da *loucura* sempre esteve presente nas diferentes formações sociais, mas a sua transformação em *doença mental* só ocorreu na Idade Moderna, com o surgimento do saber médico psiquiátrico. Pautando-se na lógica classificatória da medicina clássica, a medicina psiquiátrica encontrou no modelo da racionalidade psicológica os elementos necessários à distinção entre o normal e o patológico e as bases para os tratamentos de cunho moralizante.

O tratamento moral consistia num conjunto de estratégias que visavam fazer com que o louco deixasse de ser louco. Para isso buscava incidir exatamente nas causas morais, restituindo ao sujeito o que era chamado de vontade regrada. O isolamento na instituição, por exemplo, tinha esse objetivo, e o enfermo era submetido a uma verdadeira rotina de reeducação com a finalidade de romper o encadeamento vicioso das ideias e remodelar suas paixões, questão fundamental na patologia mental. Inúmeras práticas de tratamento moral foram utilizadas – desde os banhos frios até a eletroterapia – com a única perspectiva de calar o sintoma (ou melhor, a "desrazão"), convertendo-se, muitas vezes, em práticas de pura violência e exclusão social.

Apesar da utilização dessas práticas de cunho moralizante, não se pode negar, como afirma o psicanalista contemporâneo Philippe Julien, que a psiquiatria, ao adotar o conceito de doença mental, devolveu a humanidade aos loucos, pois passou a vê-los como portadores de uma doença e não como animais selvagens que precisavam ser encarcerados.

É interessante ressaltar também que a medicina psiquiátrica era inicialmente uma forma de conhecimento atrelada a outros campos do saber, como a própria filosofia. E a filosofia, nesse caso, implicava também a ética, a sociologia, a antropologia, entre outras disciplinas. O francês Philippe Pinel, primeiro médico a tentar descrever e classificar algumas perturbações mentais, foi o responsável pelo batismo da psiquiatria. Ele publicou, em 1793, um livro cujo título é bastante elucidativo: *Tratado médico-filosófico sobre a alienação mental e a mania*. Esse trabalho mostra claramente que nem tudo na psiquiatria está ancorado na medicina.

Com o correr do século XIX, não se falará mais de alienação mental, mas de doenças mentais, no plural. A concepção de alienação mental única cede lugar à perspectiva de múltiplas doenças e, portanto, múltiplas etiologias, sendo necessário por isso pensar em tratamentos específicos para cada doença.

Ao final daquele século, com o advento da revolução industrial, a noção de trabalho torna-se fundamental no campo social, privilegiando o bem-estar da coletividade em detrimento do bem-estar individual. A expansão da ideologia do trabalho, como forma de tratamento para a sociedade como um todo, ganhou impulso nas duas primeiras décadas do século XX. A Primeira Guerra Mundial, com seus efeitos de devastação social, desempenhará aí um importante papel nas mudanças nascentes, tanto pelo incremento da demanda por tratamentos psíquicos quanto pela necessidade de reorganização da sociedade como um todo. Tais acontecimentos servirão de eixo para se repensar a questão do sofrimento psíquico, modificando-se, também, a noção de tratamento moral. Nesse período surgem a terapia ocupacional, a ergonomia e os hospitais-colônia, e a perspectiva é tornar a instituição hospitalar menos onerosa e, ao mesmo tempo, efetivamente terapêutica.

Embora essa *revolução psiquiátrica*, como foi denominada, tenha se iniciado nos primórdios do século XX, ela só se constituiu nos planos teórico e prático na década de 1940. Em resumo, as mudanças na prática psiquiátrica foram impulsionadas por vários fatores, como os flagelos sociais do pós-guerra, a ideologia marxista, a difusão do discurso psicanalítico na formação psiquiátrica e, sobretudo, a utilização de medicamentos psicotrópicos, que se tornaram uma efetiva terapêutica no tratamento da doença mental a partir da década de 1950. Tais eventos acabaram por constituir o chamado movimento da reforma psiquiátrica, que favoreceu o surgimento de formas alternativas de tratamento à pura exclusão do doente mental.

Essas questões históricas relativas ao campo médico, apesar de aparentemente distanciadas do tema da angústia, mantêm com ele estreita relação. Pois o que se quer ressaltar é que os medicamentos psicotrópicos, num dado momento, tiveram, e ainda têm, um importante papel no tratamento dos problemas relativos ao sofrimento psíquico, permitindo o resgate da voz do louco e sua reinserção no campo social.

Na atualidade, no entanto, especialmente nos últimos vinte anos, ocorreu um curioso movimento na sociedade. Por um lado, amadureceu o processo de desmedicalização da loucura, à medida que foram sendo introduzidas novas práticas de tratamento – psicanálise, terapia ocupacional, oficinas de música e de artes plásticas, centros de convívio etc. –, fazendo com que deixasse de ser considerada exclusivamente um objeto de intervenção médica. Por outro lado, assiste-se agora a uma ostensiva medicalização da sociedade como um todo, independentemente dos tradicionais quadros psiquiátricos, sobretudo no que se refere a crianças e adolescentes. Assim, apesar de se verificar, com o fim dos manicômios, um movimento de desmedicalização no âmbito da chamada doença mental, emerge em toda a rede social uma forma asilar mais sutil e, talvez por isso mesmo, mais nociva, cujo significante *manicômio mental*, utilizado pelo filósofo Peter Pál Pelbart, caracteriza bem a situação.

Como previsto por Foucault, o discurso médico científico expandiu suas relações de saber-poder nas últimas décadas. Quando me refiro ao discurso médico não considero, evidentemente, cada médico em sua particularidade, em sua necessária prática social, mas uma lógica que aí se estrutura articulando-se a outras instâncias de poder de ordem política e econômica.

Essa expansão corresponde a algumas mudanças específicas no campo da cultura e na própria demanda social. Escutam-se, frequentemente, frases como: "O mundo se acelera", "O tempo corre", "Parece que o Natal foi ontem e já chegamos de novo no final do ano", "Não tenho tempo para fazer nada." O que as pessoas sinalizam é a ausência de tempo para viver a vida segundo uma lógica mais pessoal. É fato indiscutível que não se vive mais a temporalidade como antes, ou melhor, torna-se cada vez mais difícil viver o tempo para si mesmo, para objetivos pessoais, para aquilo que seria prazeroso do ponto de vista do sujeito.

São tantas as demandas que o cotidiano impõe ao homem contemporâneo que este precisa *correr atrás do tempo* para *ter mais tempo*, quem sabe, *um dia*... Seria, inclusive, necessário repensar a frase "*Time is money*!", invertendo-a para "*Money is time*!". Hoje em dia tem riqueza quem tem tempo! Efetivamente, foram as noções de tempo e de espaço que se modificaram a partir dos avanços tecnológicos e da expansão dos meios virtuais.

Os médicos, em sua prática clínica, encontram-se, talvez mais do que qualquer outro profissional, diante da difícil tarefa de não corresponder de imediato à demanda desenfreada da população por medicamentos e outras formas de intervenção no corpo que, aparentemente, poderiam solucionar com maior rapidez todos os problemas da vida. Pode-se asseverar que hoje é um verdadeiro desafio para um médico sustentar uma postura clínica que não envolva, necessariamente, a prescrição de medicamentos. Do mesmo modo, ir a uma consulta médica e não sair de lá com uma receita na mão tornou-se um empreendimento quase impossível!

A medicina científica, cujas bases principais se sustentam, na atualidade, nos avanços das pesquisas genéticas, parte da concepção de que a ciência é o campo de saber privilegiado para responder às questões humanas mais fundamentais. Nesse sentido pode-se considerar que hoje existe uma verdadeira *Weltanschaung*, ou seja, uma visão de mundo cientificista que pretende dar a última palavra para todas as problemáticas do ser humano. *Dar a última palavra* significa ensurdecer diante de outras formas de explicação do sofrimento humano e da existência de um modo geral, desvalorizando formas de conhecimento milenares a respeito do homem.

A difusão da perspectiva biológica do ser humano tem sido facilitada pela presença de seções de saúde em praticamente todos os jornais de ampla circulação, nas revistas voltadas para o grande público e nos canais de televisão, seja na forma de reportagens, seja como programas inteiramente dedicados ao assunto. Recentemente, por exemplo, aos domingos, no programa *Fantástico*, da Rede Globo, havia um quadro cômico que discutia as diferenças entre o homem e a mulher sustentadas em uma visão exclusivamente biológico-genética. O fato é que a cultura de massas, atravessada pela perspectiva biológica, tem determinado a maneira como percebemos os fenômenos relativos à conduta humana.

Lembro-me de uma moça que havia começado um atendimento comigo devido a crises de angústia e que, após alguns meses, já havia conseguido reduzi-las e voltar a fazer algumas de suas principais atividades. Um dia, logo após ter lido uma longa reportagem sobre os novos medicamentos utilizados para o chamado transtorno de pânico, sentiu-se impelida a procurar ajuda medicamentosa. Queria saber a minha opinião, pois acreditava que com a medicação poderia ficar definitivamente curada. Na realidade, como lhe sinalizei naquele momento, o trabalho analítico começava a adentrar por questões bastante delicadas e essa reportagem servia como luva, favorecendo um afastamento do tratamento psicanalítico que ela, na época, não poderia manter, simultaneamente, com as consultas psiquiátricas e o uso de medicamentos devido a questões financeiras. A moça optou pelo afastamento do tratamento psicanalítico, mas três meses depois retornou fazendo um significativo comentário: "De fato, a medicação retirou todos os sintomas de uma vez! Mas a sensação era muito estranha... senti um vazio repentino, como se tivessem retirado bruscamente algo meu."

É espantoso ver como a mídia voltada para o público leigo acolhe de modo irrestrito as hipóteses mais duvidosas, tomando-as como fatos comprovados. Assim se difunde a ideia de que existe um gene para a crença em Deus, o suicídio, a felicidade, a homossexualidade, da mesma forma que para o alcoolismo e a esquizofrenia. Uma verdadeira panaceia genética.

Há pouco tempo, um jornal de grande circulação divulgou uma matéria cujo sugestivo título, "A ressonância de uma paixão revela a bioquímica do amor", tinha como subtítulo "Neurobiologia explica como os hormônios unem ou afastam os casais". Logo no início do texto a explicação: "Um tônico da fidelidade. Um simples exame de sangue que indique o parceiro ideal." Pasmem! O tema foi tratado no V Congresso Brasileiro de Cérebro, Comportamento e Emoções. Fidelidade combina com felicidade? Parece que sim. E mais do que isso, o texto embutia a promessa de que, através de pesquisas científicas e de um simples exame, os enigmas da questão amorosa poderiam ser definitivamente solucionados!

Como em todas as reportagens desse tipo, aqui também se propagava a ideia de que as pesquisas sobre o cérebro estão *perto* de identificar as áreas envolvidas no *apego* e na *fidelidade*, o que significa a promessa de que em breve será possível combinar exames de sangue e de imagem para saber se um casal tende a dar certo ou não.

Numa importante conferência denominada "Cérebro e pensamento", proferida em 1980, o filósofo francês George Canguilhem sublinhou a pretensão de alguns pesquisadores de criar uma ciência baseada na correlação direta entre estados mentais e estados cerebrais. Indicou a quase ingenuidade em considerar o mundo, a existência humana, mera reprodução mental (ou interior) dos efeitos físicos produzidos no cérebro pelo mundo exterior. Criticando tal perspectiva, concluiu que o mundo é o *nosso mundo*, ou seja, uma relação significante de cada pessoa, na sua especificidade, com as coisas do mundo, o que indica que não somos uma simples *placa* na qual o mundo se inscreve a partir de pontos predeterminados.

O que se vislumbra é uma expansão da visão médica científica para além dos seus domínios, ou seja, uma perspectiva totalizadora que pretende identificar em todos os problemas vivenciais, emocionais, uma explicação orgânica e, especialmente, genética.

Canguilhem demonstra, exemplarmente, que são os estudiosos mais positivistas e, portanto, os mais apegados aos princípios das ciências exatas que elaboram as teorias mais extravagantes e irracionais, ao pretenderem aplicar seus resultados à totalidade dos processos humanos. Nesses casos, a ciência nada mais é do que uma forma de ilusão, como o é também a religião, no sentido freudiano: uma crença que visa extirpar os temores diante do desconhecido, encontrar *a* verdade, suprir o furo, a falta que permeia a existência.

Dizer que a perspectiva científica, como meio de conhecimento a respeito do homem, se tornou um tipo de saber-poder totalitário significa considerar que qualquer forma de conhecimento que se torne hegemônica, exclusiva, acaba por servir ao controle social e à adaptação do homem a certos valores vigentes na sociedade.

Mas por que uma perspectiva hegemônica serviria ao controle e à adaptação? A resposta é que um saber hegemônico tende a criar categorias fechadas e limitadas para explicar a experiência humana. Essas categorias prévias, ao oferecerem explicações para o comportamento, recobrem o real do sofrimento e diminuem a angústia que emerge diante do não-saber sobre esse sofrimento, o que explica a adesão maciça do público a essas formas de explicação. E reduzem ou mesmo impedem que o próprio homem, a partir de uma experiência singular, encontre as respostas para a sua vivência, que construa, a partir da experiência pessoal, um sentido para o seu sofrimento e a sua vida.

É importante reconhecer que a descoberta e o uso de determinadas substâncias químicas no tratamento do sofrimento psíquico produziram mudanças significativas em casos graves, devolvendo a palavra ao louco e promovendo a criação de novas formas de acolhimento da loucura, em substituição aos manicômios e às camisas de força que mantinham os pacientes como vítimas da violência e da discriminação social. É curioso pensar que, atualmente, com a expansão indiscriminada do uso de medicamentos, associada a uma ausência de estruturas diagnósticas bem definidas, o que se verifica é a prescrição de medicamentos que funcionam mais como forma de silenciamento do sujeito do que propriamente como tratamento.

Tal ideia pode ser resumida no depoimento dado por uma moça, que há alguns anos fazia uso de medicamentos antidepressivos, em sua primeira entrevista para o tratamento psicanalítico: "Não sinto mais aquela vontade de chorar, nem a tristeza que sentia. Na realidade não sinto mais nada! Essa é uma sensação muito estranha e por isso estou aqui, acho que preciso de ajuda."

O psicanalista Mário Eduardo Costa Pereira, que realizou uma importante pesquisa em torno da noção de pânico, considera que caberia avaliar as implicações do uso exclusivo de psicofármacos na determinação de certas condições psíquicas do homem. Em seu livro *Pânico e desamparo*, Pereira alerta, citando o psicanalista francês Pierre Fédida, para o surgimento e a difusão na contemporaneidade de uma dada normalidade – depressiva – sem angústia e sem sofrimento, fruto da utilização exclusiva de medicamentos psiquiátricos no tratamento dos sintomas.

Psiquiatria contemporânea: o lugar da angústia na CID-10

Na década de 1950, a clorpromazina, substância utilizada como antipsicótico, foi a principal medicação adotada em intervenções médicas no campo da saúde mental, transformando a prática com os doentes mentais. Já na década de 1960, ao entrar em foco a questão da ansiedade, como denominam os médicos, os ansiolíticos (benzodiazepínicos), drogas de efeito sedativo-hipnótico, ocuparam a cena social. No final dessa década, o tema da depressão se difundiu e os tranquilizantes cederam lugar aos antidepressivos, tendo como ícone a fluoxetina. Esse quadro permaneceu e, a partir do final dos anos 1980, surgiu o chamado "espectro da doença depressiva", em que a depressão começou a dividir espaço com a obsessão, a bulimia, os transtornos de ansiedade e os distúrbios obsessivo-compulsivos.

O que se verificou então foi um paulatino desaparecimento da própria clínica psiquiátrica, que passou a se resumir na troca de um sintoma por um fármaco, ingressando em um verdadeiro *dinamismo farmacêutico*, como indica Lacan. Os grandes nomes da psiquiatria, como Charcot, Kraepelin, Bleuler, Griesinger, Clérambault, cujos principais ensinamentos serviram de referência para a constituição da clínica psicanalítica, foram aparentemente esquecidos e com eles a preocupação com a etiologia das doenças.

O desaparecimento da clínica psiquiátrica em seu sentido tradicional sustenta-se hoje no DSM-IV (Manual Diagnóstico e Estatístico dos Transtornos Mentais), estabelecido em 1994, e na CID-10 (Classificação Estatística Internacional de Doenças), instituída em 1993 pela Associação Psiquiátrica Americana (APA). Desde 1994 a APA encontra na ideia de *transtorno* o eixo classificatório dos problemas subjetivos, que, devido à sua inespecificidade, acaba por incluir praticamente todas as vivências humanas na classificação médica.

Da antiga CID-9 (de 1978) para a atual CID-10, houve um crescimento significativo das categorias disponíveis para classificação. No item *transtornos mentais*, o aumento foi de trinta para cem categorias. Esse fato produz efeitos na expansão da indústria farmacêutica, que, associada à lógica do consumo, apresenta constantemente novos e mais avançados produtos. Dentro dessa perspectiva, não é exagero considerar, conforme afirma o psiquiatra e psicanalista Orlando Coser, que é a produção industrial que acaba por suscitar e definir os saberes, as técnicas, os usos e os modos de expressão do sofrimento psíquico.

É digno de nota o novo diagnóstico de transtorno de pânico, criado pelo norte-americano Donalt F. Klein, que, nos anos 1960, introduziu uma distinção no quadro de angústia neurótica indicando um subgrupo de indivíduos com crises mais intensas de angústia que apresentara uma resposta favorável ao tratamento farmacológico com imipramina, um dos primeiros antidepressivos. Posteriormente, demonstrou-se que os efeitos desse medicamento sobre os ataques de pânico independiam de sua ação antidepressiva, sugerindo uma ação especificamente antipânico.

Como considera Costa Pereira, a categoria neurose de angústia, listada na antiga CID-9, acabou cedendo lugar a duas novas entidades, segundo a presença ou não de ataques de pânico: o transtorno de pânico e o transtorno de ansiedade generalizada. O eixo central das primeiras descrições do transtorno de pânico foi, portanto, uma resposta clínica ao tratamento psicofarmacológico. Nesse sentido, tal transtorno pode ser considerado o paradigma da abordagem pragmática e operacional que domina a psiquiatria contemporânea.

Não é mera coincidência o fato de os criadores dessa nova nosografia se autodefinirem como *a-teóricos*, considerando a classificação das doenças fruto de um contato direto com o real da própria doença. Presume-se, assim, a possibilidade de uma leitura dos fenômenos, de sua interpretação, sem a mediação simbólica propiciada pelos constructos teóricos.

Nas classificações anteriores das doenças, isto é, antes da CID-9 e da CID-10, os quadros clínicos eram ordenados a partir de uma etiologia estabelecida com base na experiência clínica e na teoria. Principalmente a partir da CID-10, ao se eliminarem importantes distinções entre os quadros de neurose e psicose, por exemplo, as classificações acabaram por reunir quadros bastante diferentes com a justificativa de que respondem aos mesmos medicamentos. A classificação nosográfica fica, assim, limitada à resposta ao medicamento, que vai, portanto, determinar a posição do transtorno na classificação!

No que diz respeito ao tema da ansiedade, há uma tendência a classificá-la, por um lado, como normal ou patológica, assim como primária ou secundária. Considera-se que a ansiedade normal vincula-se à presença de uma ameaça externa e que geralmente tem papel adaptativo, ajudando na sobrevivência do indivíduo. Já a ansiedade patológica é aquela que não tem um papel adaptativo e se relaciona a uma ameaça interna, caracterizando-se por intensidade, duração e interferência maiores na vida do sujeito.

Do ponto de vista da psiquiatria, alguns transtornos mentais se destacam por ter a ansiedade como característica central. Estes são classificados na CID-10 como *transtornos neuróticos, relacionados ao estresse e somatoformes*, a exemplo dos transtornos fóbico-ansiosos, dos transtornos ansiosos e dos transtornos obsessivo-compulsivos. Nesses quadros, além da ansiedade, temos os sintomas fóbicos (transtornos fóbico-ansiosos), as crises de ansiedade (transtornos de ansiedade) e os sintomas obsessivos e rituais compulsivos (transtornos obsessivo-compulsivos). Nos chamados transtornos ansiosos encontram-se a síndrome de pânico e a ansiedade generalizada (TAG), que apresenta a ansiedade primária, ou seja, sem outros sintomas considerados superiores.

Com relação às possíveis causas dos transtornos de ansiedade, afirma-se a primazia de fatores genéticos (e outros biológicos), além dos psicossociais vividos durante o desenvolvimento do indivíduo. No entanto, considera-se que, se *essa predisposição for intensa o suficiente, o indivíduo desenvolverá TAG mesmo sem a presença de fatores ambientais estressantes*, como indica o artigo "Ansiedade e uso racional de benzodiazepínicos", disponível no Portal de Psiquiatria PsiqWeb. Nessa abordagem, a ansiedade é, fundamentalmente, fruto de um déficit neuroquímico, e os remédios à base de benzodiazepínicos de uso sublingual têm sido os indicados para os pacientes com ansiedade aguda, na forma primária ou secundária, ou mesmo nos casos de *indivíduos normais vivenciando situações ansiogênicas intensas.*

São fatos evidentes, no campo social, tanto a multiplicação do diagnóstico e da respectiva medicação dos *transtornos de ansiedade* quanto o diagnóstico de *espectro depressivo*, que inclui vários transtornos. Além disso, o que algumas recentes pesquisas apontam é a expansão da medicalização de diversas problemáticas encontradas especialmente na infância e na adolescência. Nesse processo, não tem sido rara a prescrição de drogas antipsicóticas para crianças, conforme demonstram alguns pesquisadores norte-americanos, sem que haja evidência incontestável de indicação clínica para tal.

Um estudo publicado recentemente no importante *Journal of the American Medical Association* mostrou que o uso de antipsicóticos por crianças pode levar a um ganho de peso excessivo, além de alterar significativamente os parâmetros metabólicos, com elevação do colesterol total e dos triglicerídios. A pesquisa acompanhou 272 pacientes com idades entre quatro e nove anos ao longo de cerca de onze semanas, em uso de antipsicóticos pela primeira vez. O que chama a atenção é que a medicação foi utilizada não só em pacientes portadores de esquizofrenia, mas também naqueles classificados com o chamado transtorno bipolar, que envolve alterações cíclicas de humor, e também em sujeitos com comportamento agressivo de um modo geral! O que demonstra total indiscriminação no uso dos medicamentos.

As condutas infantis relacionadas a dificuldades no ambiente familiar ou escolar têm servido ainda para a elaboração de uma verdadeira listagem de comportamentos considerados estranhos e desajustados relativamente às expectativas sociais, justificando, assim, o tratamento medicamentoso para uma faixa cada vez mais jovem da população. Conforme registrou certa vez uma professora de crianças: "Aos poucos foi desaparecendo a criança cheia de energia e, por isso, agitada, a criança criativa e, por isso, desatenta, a criança tímida e, até mesmo, a criança, efetivamente, mal-educada. Em seu lugar foram surgindo: os transtornos de déficit de atenção e hiperatividade (TDAH), a síndrome da criança desajeitada, o transtorno desafiador opositor (TDO), entre outros."

Com relação à adolescência, o que tem se destacado é a generalização do diagnóstico de *transtorno bipolar* e sua concomitante medicalização, em detrimento da antiga concepção de "psicopatologia normal" característica desse período de vida, que inclui momentos alternados de luto intenso e de alegria inesperada. Nesse processo, convém ressaltar que a expansão do uso de remédios psiquiátricos vem sendo apoiada por inúmeras especialidades médicas: pediatras, clínicos gerais, neurologistas, ginecologistas etc., fato que tem surpreendido até mesmo os psiquiatras.

Pode-se supor que a aceitação, muitas vezes irrestrita, da hegemonia do discurso médico se articula ao alívio psicológico resultante da nomeação de algo que é da ordem do enigma para o sujeito. Essa nomeação, no entanto, acaba por excluir o próprio sujeito e sua responsabilidade sobre o sintoma. A inquietação é silenciada, mas também as possibilidades de inscrição do sujeito e do seu desejo são perdidas.

Não se trata de desconsiderar que a clínica psiquiátrica, através da cuidadosa prescrição de medicamentos, contribui efetivamente para o alívio do sofrimento humano, sobretudo quando tal prescrição é acompanhada de outras formas de tratamento. Trata-se, sim, de considerar que essa resposta, como qualquer outra, tem seus limites e não pode ser tomada como panaceia para todos os males. Nada mais produtivo quando em algumas situações clínicas específicas a psicanálise e a psiquiatria podem trabalhar juntas em prol do sujeito em sofrimento.

Freud e as duas teorias da angústia

Em um trabalho intitulado "As resistências à psicanálise" (1925), discorrendo sobre as dificuldades de aceitação das inovadoras contribuições da psicanálise ao estudo do psiquismo, Freud vai situar essa disciplina a meio caminho entre a filosofia e a medicina. E não deixa de entrever as dificuldades inerentes a essa peculiar posição.

Considera que, de um lado, alguns médicos veem a psicanálise como um sistema especulativo e se recusam a acreditar que, apesar de suas peculiaridades, essa disciplina, como toda ciência, se fundamenta numa paciente e incansável elaboração de fatos oriundos do mundo da percepção. Por outro lado, medindo-a pelo padrão de seus próprios sistemas especulativos, os filósofos julgam-na vinculada a premissas impossíveis que carecem de clareza e precisão, como, por exemplo, o conceito de inconsciente.

Essas ponderações ignoram o fato de que Freud define a psicanálise a partir de um caráter tríplice, conforme indica o ensaio "Dois verbetes de enciclopédia" (1923): como um campo que inclui não somente uma *rede conceitual*, mas também a *investigação* dos fenômenos psíquicos e o *tratamento* propriamente dito. Constitui-se, assim, uma espécie de *nó borromeano* – figura topológica introduzida por Lacan –, definidor da psicanálise que não permite a separação de qualquer um dos três termos a não ser à custa de sua estrutura.

Esse *nó* constitutivo, articulador dos conceitos, do tratamento e da investigação, também salvaguarda a psicanálise de dois riscos. Por um lado, de se transformar em mera especulação, desatrelada da experiência – o que é bem expresso na ideia corrente de que "Freud tudo explica". Por outro, de se converter em uma perspectiva adaptadora cujo objetivo seria atender à demanda social.

Seja como for, a psicanálise não pode, ela própria, deixar de reconhecer a anterioridade lógica da medicina em relação a seu campo. A psicanálise tem uma espécie de dívida simbólica para com a medicina científica, enquanto referência primeira de Freud em sua formação como neurologista. No que diz respeito à filosofia, assim como outras áreas, como a mitologia, a antropologia, a literatura, Freud também nunca deixou de reconhecer que as conexões com esses campos de saber trariam importantes contribuições para o estudo dos processos mentais inconscientes.

Admitir o valor de cada uma dessas disciplinas não impede a afirmação de uma especificidade própria ao campo psicanalítico. Ao contrário, é essa especificidade que permite detectar a existência de algumas problemáticas comuns aos diferentes saberes, fazendo avançar, por sua vez, a pesquisa psicanalítica. Esse é o caso da temática da angústia, que, como tenho procurado abordar, se apresenta como um ponto *axial* para o qual confluem contribuições de diversas disciplinas.

A discussão em torno da angústia acompanha a própria constituição da psicanálise, já que foi tratada ao longo da obra freudiana como o eixo central da clínica das neuroses. Na verdade, Freud demonstra que o vasto terreno do angustiante não é de forma alguma monolítico ou mesmo homogêneo, circunscrevendo não só a temática da angústia (*Angst*) propriamente dita, mas também diversas vivências que englobam o campo do medo (*Furcht*), do susto ou do terror (*Schreck*), da inquietante estranheza (*Unheimlich*), assim como do chamado pânico (*Panik*).

Nos primeiros escritos freudianos sobre a clínica, o afeto da angústia se articulava à discussão concernente às neuroses de angústia, da qual resultaria a sua primeira teoria sobre o assunto. Nessa perspectiva, a noção de angústia aparece, desde o início, atrelada a outro conceito central da psicanálise: a sexualidade. Nunca é demais lembrar que a ideia de sexualidade ou libido não se confunde nem se limita aqui à noção de instinto sexual ou de sexualidade genital adulta.

Para a psicanálise, o ponto principal em torno do tema da sexualidade, ou pulsão sexual, é que ela estrutura o psiquismo, viabilizando a entrada do ser humano na cultura a partir de um princípio fundamental: o *princípio de prazer-desprazer*. Mesmo que, inicialmente, Freud tenha colocado esse princípio em oposição ao chamado *princípio de realidade*, mais adiante o que destaca é o fato de que o adiamento do prazer, que caracteriza este último, é estabelecido e regido, em última instância, pelo *princípio de prazer*. Efetivamente, o ser humano nunca abdica do prazer, apenas o adia em função das circunstâncias da vida.

De acordo com a teoria freudiana, é devido à existência desse princípio que o ser humano acaba por abrir mão de determinados objetos de prazer em prol de outros, tornando-se, consequentemente, um ser desejante. *Ser desejante* é o mesmo que dizer *movido pela falta*, pois, efetivamente, só há movimento e vida quando o sujeito é atravessado pela falta, isto é, quando algo lhe falta.

Na obra considerada uma das mais importantes do século XX, "Três ensaios sobre a teoria da sexualidade" (1905), Freud deixa entrevisto que a vida humana, desde o momento do nascimento, é constituída por perdas. Do ato do nascimento, passando pelo desmame e pela renúncia das fezes e do falo – que simboliza o pênis –, o que se constitui é uma equação simbólica que aponta para o fato de que, sendo o primeiro objeto da pulsão sexual da ordem do impossível, só resta ao ser humano uma errância interminável na busca de objetos substitutos.

Afirmar que o objeto de prazer é impossível é o mesmo que dizer que a satisfação nunca é absoluta, ou seja, que o prazer é sempre parcial, o que deixa aí um resto mobilizador do sujeito. Na perspectiva freudiana isso significa que o ser humano deve ser capaz de vivenciar a perda do objeto para que possa construir a vida com uma marca própria. Suportar a perda é também suportar a falta do objeto vivenciando a *angústia de castração*. A angústia, portanto, em Freud, é sempre angústia de castração, é encontro com a ausência do objeto.

No primeiro texto a respeito do tema, "Sobre os critérios para destacar da neurastenia uma síndrome particular intitulada 'neurose de angústia'" (1894), Freud retira a noção de angústia do quadro psiquiátrico, dando-lhe, daí por diante, um lugar de honra na então nascente clínica psicanalítica. Tomando como base o princípio da constância, estabelecido pelo físico alemão Fechner, sublinha a função do psiquismo, ou, como ele denomina, do aparelho psíquico na busca da homeostase ou estabilidade do sistema. Dentro desse quadro, define a angústia como libido transformada, isto é, uma dada quantidade de libido não descarregada que se tornaria excitação acumulada, escapando sob a forma de angústia.

Essas pesquisas indicavam as preocupações freudianas, à época, para caracterizar os dados da psicologia em termos fisiológicos. Preocupações que redundaram no trabalho "Projeto de uma psicologia científica" (1895), em que destaca o papel decisivo de quantidades excessivas de excitação na vivência de desamparo, podendo se configurar uma experiência de cunho traumático. Considera que tais experiências têm força patogênica por produzirem quantidades de excitação que não são passíveis de processamento pelo aparelho psíquico.

No "Projeto", Freud já identifica naquilo que denomina princípio de inércia uma tendência originária segundo a qual os neurônios visariam ao nível zero de estimulação. Mais adiante, supõe que o sistema é forçado a abandonar essa tendência devido à ocorrência de uma modificação em seu modo de funcionamento, que passa, então, a ser regido pelo princípio de constância. Esse princípio, batizado de *princípio de prazer* no célebre *A interpretação dos sonhos* (1900), será reformulado em parte no trabalho intitulado "Além do princípio de prazer" (1920). Neste último, retomando a ideia do "Projeto", situará o princípio de prazer em oposição a uma tendência originária do organismo representada pela pulsão de morte.

Com relação à primeira nosografia freudiana, que vigorará até 1915, temos dois grandes quadros: as neuroses atuais e as psiconeuroses. As neuroses de angústia vão compor o quadro das chamadas neuroses atuais, ao lado da neurastenia e da hipocondria, sendo afecções relacionadas à vida sexual atual do sujeito. Nesses casos, Freud supõe que ocorreria um acúmulo de excitação sem ligação com uma origem psíquica, ou seja, essas neuroses seriam fruto de problemas decorrentes da insatisfação sexual do sujeito. Já as psiconeuroses, compostas pelas neuroses de transferência e pelas neuroses narcísicas, seriam fruto de um conflito de ordem psíquica. Quanto às neuroses de transferência, Freud afirma que, devido ao conflito entre diferentes instâncias psíquicas, o recalque da ideia insuportável é que provocaria o aparecimento da angústia. É essa cota de afeto que, ao ficar circulando livremente, causaria mal-estar no sujeito.

As neuroses de angústia apresentam, por sua vez, duas formas de emergência: como *ataques de angústia* e como *estado crônico*, mais brando e com aparecimento flutuante. A descrição freudiana dessa modalidade neurótica se assemelha bastante ao que é denominado pela psiquiatria contemporânea de *transtornos de ansiedade*, que envolvem os ataques de pânico e a ansiedade generalizada.

Freud supunha que essa afecção – a neurose de angústia – seria causada por certas técnicas de contracepção, como o *coitus interruptus*. Ele destaca que tudo depende simplesmente do receio de, ao utilizar essa técnica sexual, o sujeito privar o parceiro de satisfação sexual. Vai observar também que, devido a esse receio, a neurose de angústia é acompanhada por um decréscimo da libido sexual, ou desejo psíquico. Estabelece então que o mecanismo da neurose de angústia deva ser procurado no que denomina de deflexão da excitação sexual somática da esfera psíquica.

Temos, assim, nas neuroses de angústia um processo quase exclusivamente somático, pois uma excitação libidinal é provocada, mas não é satisfeita nem empregada. Não ocorre o circuito pulsional com a descarga correspondente, e sim, pode-se dizer, um *curto-circuito*. A chamada conversão direta da libido em angústia assinala o fracasso do trabalho psíquico de ligar as representações psíquicas ao excesso da excitação. Chama a atenção, nesse período, a clara indicação de uma relação visceral entre a ausência de desejo – que nada mais é do que ausência de representação psíquica – e o aparecimento da angústia, que Freud voltará a destacar cerca de vinte anos mais tarde.

Lacan, por sua vez, reinterpretará no seminário sobre a angústia as palavras freudianas da seguinte maneira: na neurose de angústia, esta aparece na medida em que o orgasmo se desliga do campo da demanda ao Outro. Considera que Freud, ao situar no *coitus interruptus* a fonte da angústia, colocou em destaque que esse afeto é promovido em sua função essencial justamente ali onde a intensificação orgástica é desvinculada do exercício do instrumento fálico. Ou seja, o sujeito pode chegar à ejaculação, mas é uma ejaculação do *lado de fora*, o que exclui o desejo do Outro. A angústia é provocada pelo fato de o instrumento fálico, apesar de viabilizar o gozo, ser posto fora do jogo do desejo. Nesses primeiros estudos freudianos já se vê indicada a necessidade de distinção entre gozo e desejo, um dos pontos fundamentais dos estudos de Lacan sobre a angústia.

Num certo sentido, Freud abandona a ideia da neurose de angústia como um quadro nosográfico *puro*, afirmando que o que se apresenta são quadros neuróticos *mistos*, com etiologias variadas. Temos, assim, a presença das psiconeuroses (histerias, fobias e neuroses obsessivas) que se estruturam a partir de experiências pulsionais remotas, associadas a problemas atuais da sexualidade que redundariam num modo próprio de o sujeito viver a sua sexualidade. Embora o objetivo aqui não seja aprofundar essa questão, suponho que aquilo que na contemporaneidade tem sido denominado de *transtorno de pânico* talvez possa se enquadrar nos chamados quadros neuróticos mistos definidos por Freud. O próprio Lacan destacou que os estudos a respeito das neuroses de angústia restaram, de certo modo, inacabados e que valeria a pena retomar a temática.

Até aqui temos, portanto, a primeira teoria freudiana da angústia, qual seja, a que considera sua emergência associada à ideia de uma libido transformada. Retomemos o percurso de Freud. Os avanços na clínica com as psiconeuroses, isto é, a descoberta do complexo de Édipo, o tema da culpa e a instauração da segunda tópica (isso, eu, supereu) viabilizarão uma nova perspectiva teórica sobre a angústia.

Será no texto "Inibições, sintomas e angústia" (1926) que Freud fará a reformulação de sua primeira teoria. Nesse ensaio, o tema se apresenta articulado à ideia de desamparo, condição primária do ser humano, sendo a angústia definida como um estado afetivo (*quantum* de energia) com um caráter acentuado de desprazer que é liberado, seja automaticamente (na vivência traumática), seja como um sinal que possibilita ao eu uma espécie de preparo cuja função é evitar o reviver da situação traumática ou do desamparo originário.

Destaca, especialmente, o ponto de vista econômico, considerado aqui de uma forma mais complexa. Quer dizer, apesar de relacionar o prazer e o desprazer à quantidade de excitação presente na mente, acredita que não se trata de uma simples razão proporcional direta, ou seja, menor quantidade de excitação, maior prazer; maior quantidade de excitação, menor prazer. Entende que o fator que determina a sensação (prazer ou desprazer) em um indivíduo específico é provavelmente o aumento ou a diminuição da quantidade de excitação durante um determinado período de tempo.

Esse tema complexo havia sido destacado em "O problema econômico do masoquismo" (1924), quando postula que as sensações de prazer e desprazer não dependem exclusivamente do fator quantitativo, mas de alguma característica que só se pode descrever como qualitativa – caso do ritmo, da sequência temporal de mudanças, das elevações e das quedas na quantidade de certo estímulo vivenciado pela pessoa.

Essas questões sublinham a singularidade de cada um no que diz respeito à capacidade psíquica de suportar um determinado *quantum* de estimulação. Apontam também para as diferentes condições que circundam a experiência do desprazer ou da angústia e, talvez, justifiquem a utilização de alguns mecanismos de defesa em detrimento de outros, quando o sujeito se encontra diante do que seria um excesso de estimulação oriundo tanto do meio social quanto da sua vida psíquica. São as diversas formas defensivas utilizadas pelo eu – recalque, foraclusão e denegação (desmentido) – diante da angústia de castração que determinarão a constituição das diferentes estruturas clínicas: neurose, psicose, perversão.

Um dos efeitos do avanço das pesquisas freudianas sobre a angústia será a reformulação de algumas antigas concepções no campo das neuroses. Um dos pontos principais é a conclusão de que é a angústia que produz o recalque do desejo e não o contrário, como Freud pensava até então. O estabelecimento da primazia da angústia no campo da clínica das neuroses permite supor que é também a angústia real que produz a foraclusão, no caso das psicoses, assim como a denegação, no campo das perversões. A linha divisória das estruturas dependerá, entre outras coisas, da constituição ou não do que Freud denominou recalque originário, do qual tratarei mais adiante.

Existem ainda os casos em que, devido à angústia experimentada, o esquecimento da ideia, ou o recalque, é simultaneamente convertido em um sintoma físico, promovendo o desaparecimento de todo sinal de angústia. Trata-se do que Freud chamou de histeria de conversão. Essa noção fica clara no caso Elisabeth, uma jovem histérica de 24 anos, enamorada do cunhado, que procura auxílio de Freud quando se vê tomada por sintomas neuróticos agravados após o falecimento da irmã.

Durante a análise, relata que estando de pé ao lado do leito de morte da irmã ficou horrorizada ao ter o seguinte pensamento: "Agora ele (o cunhado) está livre e pode se casar comigo." O episódio foi imediatamente esquecido, agravando-se, em contrapartida, os sintomas histéricos (dores nas pernas, dificuldade de andar etc.). Freud não deixa de identificar no que chama de a *belle indifférence* de Elisabeth os efeitos desse tipo de defesa que exclui, às vezes, qualquer indício de angústia.

Freud exemplifica, aqui, que o sintoma neurótico (físico) é a resposta para a angústia que emerge do encontro com o real da morte da irmã. Trata-se de uma forma de tentar solucionar o conflito através do ato de, simultaneamente, recalcar – que é o mesmo que manter distante – a ideia que representa o impulso libidinal em direção ao cunhado, convertendo o afeto correspondente em sofrimento físico.

Destaca que se a jovem Elisabeth fosse psicótica o resultado seria um repúdio da realidade da morte da irmã, ou seja, o não reconhecimento do fato, o que significa dizer que esse real não seria dialetizado com nenhuma ideia, nenhum pensamento capaz de produzir um sentido. Só é possível esquecer (recalcar) aquilo que foi em algum momento simbolizado. Em outros termos, pode-se afirmar que no sujeito psicótico a experiência da angústia real pode induzir a um rompimento com a realidade, ou à sua foraclusão, como denominou posteriormente Lacan. A razão é que, diferentemente da neurose, na psicose o eu não pode lançar mão da função da angústia, que é ser signo, sinal do real.

Já na estrutura perversa, cujo protótipo Freud caracterizou através do fetichismo, o que se verifica é a denegação da castração, através da presença do fetiche. Dirá que o perverso mantém duas correntes de pensamento diametralmente opostas: uma que reconhece a falta, isto é, a castração, e a outra que a recusa. Ocorre assim uma divisão do eu que permite manter a angústia a distância. O fetiche é esse objeto necessário à satisfação sexual, que tampona a falta e possibilita ao sujeito a ilusão de um gozo sem limite.

As questões abordadas são importantes para se considerarem as variações no que diz respeito à experiência da angústia nas diferentes estruturas clínicas (neuroses, psicoses, perversões) e também para destacar que, na clínica analítica, o encontro com esse afeto pode conduzir a uma repetição dos mecanismos defensivos. Por isso é necessário levarmos sempre em conta o tempo de cada paciente para nos familiarizarmos com sua capacidade de suportar a angústia enquanto encontro do real. Se o analista anda rápido demais, confrontando o sujeito com certas questões dolorosas, principalmente se isso ocorre no início do tratamento, pode emergir um excesso de desprazer que terá como efeito o desencadeamento das resistências e da renovação das defesas e, na pior das hipóteses, o abandono do tratamento.

Freud conclui o artigo "Inibições, sintomas e angústia" afirmando que é a atitude de angústia do eu que põe em movimento os mecanismos de defesa, e que a angústia, portanto, jamais surge da libido recalcada, como considerava em sua primeira teoria. Acrescenta, porém, que do ponto de vista descritivo (fenomenológico) ainda está correta a suposição de que nas neuroses certa dose de angústia aparece – com exceção da histeria de conversão –

em lugar da manifestação da libido que era esperada. Ou seja, ali onde se ausenta o desejo emerge a angústia.

No caso das neuroses, Freud destaca que a angústia não é criada novamente no recalque. Ela é reproduzida como um estado afetivo de conformidade com uma imagem mnêmica preexistente, ou seja, como um traço na memória remota do sujeito. Essa marca aponta para a presença de experiências traumáticas originárias que servem de protótipo para a experiência da angústia. Mas o que são essas experiências traumáticas?

Freud afirma que, mesmo reconhecendo que ainda se sabe pouco sobre o período originário do sujeito, é fato que as primeiras irrupções de angústia, que são de natureza muito intensa, ocorrem antes da constituição do complexo de Édipo, ou seja, antes de três ou quatro anos de vida. Para ele, é o rompimento do escudo protetor, aqui referido à mãe, primeiro objeto amoroso da criança, que, ao falhar, favorecerá a experiência da angústia pela criança.

Por outro lado, é a renovada vivência da presença-ausência do objeto primário, no seu sentido simbólico e imaginário, que promoverá a articulação entre a palavra, a imagem e o corpo da criança, viabilizando a ocorrência do recalque originário humanizador do pequeno ser.

O momento do recalque originário, para a psicanálise, é também aquele em que entra em ação a chamada função paterna, como a nomeou Lacan. Essa função, que não se confunde ou se limita à presença de um pai em sua realidade, viabiliza para o sujeito um tempo em que a angústia pode ser atravessada, momento no qual a criança se encontra com a falta do objeto primário, permitindo, assim, que a ausência da mãe possa ser simbolizada. Fato que não ocorre na psicose.

De qualquer modo, existe um fator histórico que faz da presença da angústia na atualidade uma espécie de reprodução de uma experiência primitiva, uma reação a um perigo que já ocorreu, cujo protótipo originário Freud encontra no *trauma do nascimento*.

O trauma do nascimento, tal como Freud indica, não pode ser efetivamente vinculado à ideia de separação do bebê com relação à mãe, porque o bebê ainda não tem condições de subjetivar essa vivência, o que significa considerar que a experiência da criança é, basicamente, de ordem corporal. A experiência de castração, ou seja, de perda ou separação, seria mais do lado da mãe. Por isso são tão comuns e mesmo frequentes as depressões pós-parto e, em casos mais graves, o desencadeamento da psicose puerperal. Mas tomar o nascimento como um protótipo não significa dizer que o trauma do nascimento seja a causa das angústias vividas na vida adulta. Com relação a isso Freud foi taxativo, apesar das insistentes tentativas de um discípulo seu, Otto Rank, de explicar as neuroses de um modo simplista, a partir do trauma do nascimento.

Lacan vai destacar que do ponto de vista do bebê o verdadeiro trauma do nascimento vincula-se à experiência de invasão, ou melhor, de aspiração de um ambiente absolutamente Outro em relação à criança. Passagem radical da água para o ar, da vida intrauterina no líquido amniótico para o mundo externo, quando precisa utilizar os pulmões para respirar. Protótipo da angústia real.

Esses fatores evocam as queixas das pessoas com crise de angústia que se referem, predominantemente, a sintomas corporais, como falta de ar, taquicardia, aperto no peito etc., ou mesmo, como disse certa vez uma senhora, "uma coisa que lhe percorria o corpo de baixo para cima até a garganta, formando um bolo". Expressões que assinalam a presença de algo que invade o corpo.

O fato é que a angústia surge originalmente como uma reação a um estado de perigo e, por isso, é reproduzida sempre que um estado dessa espécie se repete.

Mas o que é a angústia, afinal? Em primeiro lugar, é algo que se sente, responde Freud. Uma sensação que tem acentuado caráter de desprazer. Um *pré-sentimento*, como afirma Lacan, algo anterior a qualquer sentimento e que anuncia alguma coisa. No entanto, nem toda sensação de desprazer pode ser chamada de angústia (temos também a tensão, a dor, o luto).

Freud destaca alguns traços para estabelecer distinções entre a angústia e os demais afetos. Para tanto, demonstra que as sensações físicas mais ou menos definidas, que podem ser referidas a alguns órgãos específicos do corpo – órgãos respiratórios e coração –, proporcionam provas de que as inervações motoras, isto é, os processos de descarga, desempenham seu papel no fenômeno geral da angústia. Lacan retoma essa questão afirmando que na angústia o sujeito é premido, afetado e implicado no mais íntimo de si mesmo. A angústia, afirma, é um *afeto que não engana*.

Assim temos, resumidamente, três aspectos da angústia: a) caráter de desprazer; b) atos de descarga; c) percepção desses atos de descarga. São os dois últimos aspectos que estabelecem a especificidade da angústia em relação às demais sensações.

Silêncio, solidão, escuridão: as faces do desamparo

Prosseguindo em "Inibições, sintomas e angústia", Freud considera que na infância a experiência de angústia se relaciona ao sentir falta de alguém que é amado. Ocorre que a imagem da pessoa amada é intensamente investida e, dependendo da situação vivida, o anseio, ou melhor, a ausência dessa imagem pode se transformar em angústia. Tal angústia, segundo Freud, tem toda a aparência de ser uma expressão da criança em sua desorientação, em seu desamparo mental, em sua incapacidade de lidar com esse anseio devido a seu estágio pouco desenvolvido.

Silêncio, solidão e escuridão são os três elementos que Freud, ao final do artigo "O estranho" (1919), articula à experiência da angústia infantil, considerando que a maioria dos seres humanos jamais se liberta totalmente dela. Esses três significantes também podem ser tomados como representativos do caminho a ser percorrido na experiência psicanalítica, no sentido de uma *travessia da angústia*, temática que concluirá este livro.

A razão pela qual a criança de colo deseja a presença da mãe é que ela já sabe, por experiência, que esta satisfaz suas necessidades. A situação, portanto, que ela considera perigosa e por isso deseja ser protegida é aquela que envolve uma crescente tensão decorrente da necessidade e que implica um desamparo contra o qual ela é impotente.

A presença constante do outro amado permite à criança descobrir que um objeto externo perceptível pode pôr termo às situações de perigo. A partir daí, o perigo que ela teme e cujo protótipo é o trauma do nascimento será deslocado para as situações que envolvam a possibilidade de perda do objeto. É a ausência da mãe ou de sua substituta que agora constitui o perigo e pode conduzir ao reviver da situação traumática. Assim, logo que surge a ameaça desse perigo, a criança dá o sinal de angústia, antes mesmo que a temida situação econômica se estabeleça.

Freud destaca, nos primórdios da infância, a importância da passagem da vivência da angústia automática e involuntária para a angústia como sinal de perigo. Essa passagem ocorre especialmente em torno dos sete ou oito meses, época em que as crianças choram ao se deparar com um rosto estranho. Os pais intuem esse fato e às vezes fazem brincadeiras de esconder o rosto ou mesmo colocar máscaras para, em seguida, observar o sorriso de satisfação e a alegria do bebê quando do reencontro com o rosto conhecido. Pode-se dizer que o jogo da presença-ausência que caracteriza o reencontro com o objeto do desejo é, talvez, o mais importante jogo que um ser humano precisa aprender a jogar. Suportar a ausência do objeto para recriar novas possibilidades na vida é o que, aliás, expressa Cecília Meireles na linda poesia "Reinvenção": "A vida só é possível reinventada./ ... / Não te encontro, não te alcanço.../ Só – no tempo equilibrada,/ desprendo-me do balanço/ que além do tempo me leva./ Só – na treva,/ Fico: recebida e dada./ Porque a vida, a vida, a vida,/ a vida só é possível/ reinventada."

A angústia infantil é bem exemplificada por Freud através do caso de um menino de três anos que, certa vez, ele ouviu gritar num quarto escuro: "Titia, fale comigo! Estou com medo do escuro!" Sua tia respondeu-lhe: "De que adiantaria? Você não pode me ver." "Não importa", disse a criança, "se alguém falar a luz vem!"

Freud indica que aquilo que o menino receava não era exatamente a escuridão, e sim a ausência de uma imagem querida, ou ainda, o silêncio, enquanto ausência da palavra advinda de alguém que ele amava, palavra que poderia reintroduzi-lo mais uma vez na luz da vida retirando-o da angústia e da solidão. O fato é que a palavra, tão valorizada na experiência psicanalítica, é acima de tudo aquilo que pode iluminar a vida, recobrindo o desamparo humano.

Em seu último trabalho dedicado ao tema, a conferência "Angústia e vida pulsional" (1933), reafirmando alguns pontos introduzidos anos antes em "Inibições, sintomas e angústia", Freud sintetiza a existência de dois casos distintos de expressão da angústia: por um lado, a *angústia automática* ou *real*, que configuraria o reencontro traumático, ou seja, uma impossibilidade de o eu representar psiquicamente um excesso de estimulação; e, por outro, a *angústia sinal*, em sua função de proteção, que prepararia o eu, pode-se dizer, antecipando o traumático, produzindo-o num nível mais reduzido e permitindo com isso um trabalho de representação mental possível. O eu que experimentou o trauma passivamente agora o repete ativamente em versão enfraquecida, no intuito de ter algum domínio sobre a situação de perigo.

Nessa conferência, depois de uma longa exposição sobre a angústia, Freud retoma a discussão acerca da vida pulsional. Pode-se considerar que a *angústia sinal*, estando a serviço do princípio de prazer e, portanto, da pulsão de vida, é o que sinaliza e protege o psiquismo da tendência em direção a algo irrepresentável. Por outro lado, a *angústia automática* ou *real* seria o próprio reencontro com o traumático, esse irrepresentável que Freud também nomeou de pulsão de morte.

O resgate da ideia freudiana de uma angústia automática ou real apresenta-se como extremamente fecunda, dentre outras coisas, para uma leitura psicanalítica dos denominados transtornos de pânico, como mostra Mário Eduardo Costa Pereira no livro *Psicopatologia dos ataques de pânico*, e também para os estudos sobre a psicose, conforme desenvolvi em um trabalho denominado "Angústia, recalque e foraclusão".

As diferenças clínicas no modo de vivenciar a angústia são ainda fundamentais para fins diagnósticos. A angústia sinal, como afirma Freud, tem uma função de proteção para o sujeito, mas pode acabar por reforçar simplesmente as defesas neuróticas, levando-o a abdicar de sua capacidade desejante, ou seja, pode favorecer uma atitude de inibição que evita os riscos presentes na vida. Aquilo que na clínica psiquiátrica se denomina *transtorno de pânico* pode, portanto, ser o indício da intensificação de um quadro neurótico em que a repetição das crises de angústia é o resultado de uma história pessoal em que o sujeito do desejo foi progressivamente excluído. Nesses casos, a medicação como único caminho no tratamento dessa forma de sofrimento só terá como efeito reforçar esse estado de coisas.

Lacan: angústia, afeto que não engana

Logo no início do seu seminário sobre a angústia, Lacan evoca uma fábula. Ele se imagina coberto por uma máscara de animal, como o xamã da gruta dos Três Irmãos, no sul da França, quando então se depara com um louva-a-deus gigantesco. Considera que a experiência de angústia é esse momento em que, por não saber que máscara estava usando, não consegue identificar a própria imagem no espelho enigmático do globo ocular do inseto. A fábula serve para indicar que a angústia é uma experiência que concerne diretamente ao eu, à imagem própria e ao desejo do Outro. O momento da angústia é aquele em que o sujeito se sente premido no mais íntimo de si pela presença do Outro, momento da emergência da questão: *que queres?*

Para se compreender o tema da angústia em Lacan, é necessário ter em mente a premissa de que o ser humano é marcado desde o início pelo desamparo e pela dependência ao Outro. Esse Outro grafado com maiúscula implica um campo simbólico que antecede a existência do sujeito e ultrapassa a ideia de outro enquanto semelhante pelo fato de incluir aí a diferença e a alteridade.

O desejo é o desejo do Outro, afirma Lacan, o que é o mesmo que dizer que o sujeito se constitui como humano, isto é, como ser da linguagem, a partir do desejo do Outro primário. A contribuição lacaniana aponta que aquilo que humaniza o bebê é justamente o fato de o Outro ser necessariamente falho nos cuidados, possibilitando a transmissão da incompletude para aquele que dele depende. É essa a dimensão da angústia de castração.

Desejar uma coisa é diferente de *desejar o desejo*. Trata-se, inicialmente, de um desejo de reconhecimento que viabiliza uma primeira consciência de si. Esse império de Eros, que é despertado pelo olhar, é indicado na canção "Menino do Rio", de Caetano Veloso, no trecho "... pois quando eu te vejo/ eu desejo o teu desejo", que expressa claramente a presença dessa *outra coisa* que orienta a vida humana.

Tal como ensina Lacan, o desejo do desejo já implica a presença originária de um terceiro termo entre a mãe e a criança: o falo, objeto do desejo materno. A relação do filho com o falo se estabelece na medida em que este é o objeto do desejo da mãe, ou melhor, o significante da falta no Outro. A situação assim instaurada comporta desde o início um mais além para a criança que, para ser atingido, necessita da posição do pai na chamada ordem simbólica. Dessa maneira, o mundo se instaura não apenas como um lugar para saciar as necessidades, mas como um lugar onde impera a fala que submete o desejo de cada um à lei do desejo do Outro.

Ao descrever os três tempos do complexo de Édipo no seminário sobre as formações do inconsciente, Lacan sublinha que não se trata, aqui, de relações interpessoais entre o pai e a mãe, mas, primordialmente, da relação da mãe com a palavra paterna, que retira a criança de uma posição de assujeitamento em relação aos caprichos do Outro primário. Ou seja, o fundamental naquilo que se denomina complexo de castração é a mãe ser remetida a uma lei que não é a dela mesma, mas do Outro, que aí intervém representando a alteridade.

Como vimos em Freud, é a renovada experiência da presença-ausência do sujeito materno que torna a criança capaz de suportar o desprazer e a angústia oriundos da falta de objeto. Denomina-se metáfora paterna esse momento em que o enigmático desejo materno é decifrado para a criança, ou seja, quando esse desejo ganha um sentido, a partir do significante Nome-do-Pai, que indica que o desejo materno está submetido a uma lei que se acha além da criança, vinculado ao significante fálico. A partir daí, a criança, não mais identificada ao objeto de desejo da mãe, pode ela própria se tornar um sujeito desejante, porque marcada pela barreira do incesto, o que é o mesmo que dizer que o gozo absoluto torna-se interditado, barrado como impossível.

Dentro dessa perspectiva, o objeto é sempre objeto do desejo do Outro, e o desejo, por sua vez, é sempre desejo de Outra coisa. Verdade claramente vivenciada no *tédio*, como exemplifica Lacan, pois o tédio é esse momento em que todo nosso ser deseja *outra coisa*.

Com o intuito de situar a função mediana da angústia entre o gozo e o desejo, Lacan faz um longo percurso no seminário dedicado ao tema, introduzindo a questão da constituição do eu e do registro imaginário em suas relações com o campo simbólico. Traça, assim, uma importante articulação entre a experiência da angústia e o desmoronamento da imagem corporal.

É possível considerar três momentos no ensino de Lacan quanto ao estudo do registro do imaginário que são fundamentais para a compreensão da temática da angústia. O primeiro, em 1936, encontra-se em "O estádio do espelho como formador da função do [eu]", quando ele formaliza a constituição do eu a partir de uma releitura do texto freudiano "Sobre o narcisismo: uma introdução" (1914). Nesse trabalho, Freud introduz a teoria da libido, sustentada sob o ponto de vista econômico, e opõe a *libido do eu* à *libido do objeto*. O objetivo é mostrar a necessidade de um equilíbrio na distribuição da pulsão sexual, visto que o excesso em direção ao eu condiciona a redução de investimento na direção do objeto, e vice-versa. Freud constrói, assim, uma espécie de psicopatologia: o excesso em direção ao eu caracterizaria o rompimento com a realidade, típico do estado psicótico, enquanto o superinvestimento no objeto, exemplificado através da paixão amorosa, poderia conduzir, também, a desfechos dramáticos.

O que aqui se delineia já está, em parte, presente no mito de Narciso, que representa a busca vã da própria imagem no espelho das águas que acaba por conduzi-lo à morte. Esse ponto imaginário, cuja estrutura Freud descreve, apresenta uma dupla potencialidade: por um lado, é um lugar de júbilo e prazer na medida em que fornece uma imagem identificatória (o duplo), apaziguadora do desamparo humano; por outro, é também lugar de horror, de despersonalização, quando o Outro não (cor)responde, momento que caracteriza a emergência da angústia. "O eu é um outro" – a frase do poeta francês Arthur Rimbaud, citada por Lacan no seminário *O eu na teoria de Freud e na técnica da psicanálise*, expressa bem o processo.

Lacan retira do texto freudiano uma ideia fundamental: a de que o eu é um objeto, objeto de investimento da libido narcísica. O estádio do espelho aborda exatamente esse momento constitutivo do sujeito, quando ele assume uma imagem, o que é o mesmo que dizer que, por um processo de identificação, ele assume um corpo próprio.

Lacan toma como referência o experimento do psicólogo Henri Wallon realizado em 1932 com bebês entre seis e dezoito meses, dentro da proposta da psicologia científica que visava estabelecer as distinções entre a inteligência humana e a dos chimpanzés. A partir desse experimento, Lacan destaca o fato de que, diferentemente dos chimpanzés, quando se vê em um espelho a criança apresenta uma expressão de júbilo por antecipar, através da imagem, a sensação de corpo unificado. Essa imagem, denominada eu-ideal, apesar de ilusória, produz uma sensação de domínio que é francamente oposta àquela que inicialmente experimenta, qual seja, a de um corpo despedaçado, que foge a seu controle devido à não maturidade biológica.

O que a descrição do *estádio do espelho* aponta é a transformação produzida no sujeito quando ele assume uma imagem própria, uma verdadeira antecipação do psicológico sobre o fisiológico. Trata-se de uma operação psíquica pela qual o ser humano se constitui numa identificação com o seu semelhante. O que se apresenta é que, em contraposição à experiência dolorosa do corpo despedaçado – experiência de angústia –, a identificação com o outro semelhante permite o investimento do eu, sua unificação, cujo resultado é o apaziguamento do sofrimento e uma retomada da experiência de prazer.

Em seu conto "Angústia", Tchekhov apreende profundamente toda a dimensão do desamparo humano a partir do personagem Iona Ptápoc, cocheiro de uma carruagem puxada por uma eguazinha. Ao longo dessa pequena e profunda história, o escritor russo descreve o sofrimento interminável do cocheiro que acabou de perder o único filho. Uma dor que se transforma em angústia à medida que se amplia a impossibilidade de encontrar quem possa escutá-lo. O que recebe é insultos dos diferentes passageiros da pesada noite fria, reencontrando, a cada nova busca de acolhimento, o silêncio, a solidão e a escuridão – os três elementos que Freud conecta à experiência da angústia.

O conto demonstra de maneira radical a necessidade humana da palavra. Como indica nosso personagem, é preciso contar como o filho ficou doente, como sofreu, o que disse antes de morrer, e o ouvinte deve suspirar e compadecer-se. Isso tudo é fundamental, afirma, porque pensar sozinho e imaginar o filho morto é-lhe insuportável e assustador.

A partir de 1953, Lacan dá início ao segundo momento nos estudos do registro do imaginário com a apresentação do experimento do buquê invertido. Trata-se de um esquema retirado da física óptica e introduzido em "A tópica do imaginário", capítulo VII do seminário *Os escritos técnicos de Freud*, quando faz avançarem as questões apresentadas em 1936.

A partir da perspectiva das leis da óptica, Lacan pondera que, apesar de ser com a maturação fisiológica que o sujeito adquire um domínio real sobre o seu corpo, é com o estabelecimento do estádio do espelho, isto é, com a visão da forma total do corpo humano – uma *Gestalt* – que adquire um domínio imaginário do seu corpo, prematuro em relação ao domínio real. Esse momento institui a aventura original através da qual, pela primeira vez, o homem passa pela experiência de que se vê, se reflete e se concebe como outro que não ele mesmo – dimensão essencial do humano que estrutura toda a sua vida de fantasia.

Tais considerações levam Lacan a afirmar em outro trabalho que, com o seu eu, o homem se defende do desamparo. E a imagem do corpo lhe dá uma primeira forma que lhe permite situar o que é o eu e o que não é o eu. Esse domínio do chamado eu-prazer se constitui a partir de uma clivagem – introjeção do que é prazeroso e projeção do que é desprazeroso – que promove uma diferenciação entre interno e externo: o que está incluído dentro distingue-se do que é rejeitado para fora do espelho, constituindo, simultaneamente, a *falta*, grafada por Lacan como -φ.

Trata-se, aqui, da posição do sujeito no desejo do Outro, já que como o inconsciente é estruturado como linguagem, o desejo do sujeito advém do desejo do Outro, o que é o mesmo que dizer que advém do investimento libidinal do Outro que antecede a sua existência.

Abro um parêntese para destacar que Lacan, em sua releitura da psicanálise, introduziu símbolos, letras e fórmulas para descrever as principais temáticas do campo psicanalítico. A utilização desses recursos e a busca da demonstração dos temas estudados expressam uma preocupação radical com a transmissão dessa disciplina e uma tentativa de reduzir, no âmbito do próprio ensino, a tendência humana à imaginarização, viabilizando uma posição efetivamente científica para a psicanálise e dando, assim, continuidade à ambição freudiana.

É o que revela o primeiro esquema óptico do buquê invertido. A partir de um aparelho criado pelo físico francês Henri Bouasse, Lacan utiliza um espelho esférico côncavo montado diante de uma pequena mesa que tem um buquê de flores embaixo e um vaso em cima, utilizado para situar a constituição da imagem corporal intrinsecamente relacionada ao eu.

No campo da física óptica, os espelhos esféricos (côncavos e convexos) constituem imagens cuja natureza pode ser *real*, *virtual* ou *imprópria*. A imagem real é aquela formada por raios de luz; a imagem virtual, por prolongamentos (pontilhados) dos raios de luz; e a imprópria é quando não forma imagem alguma.

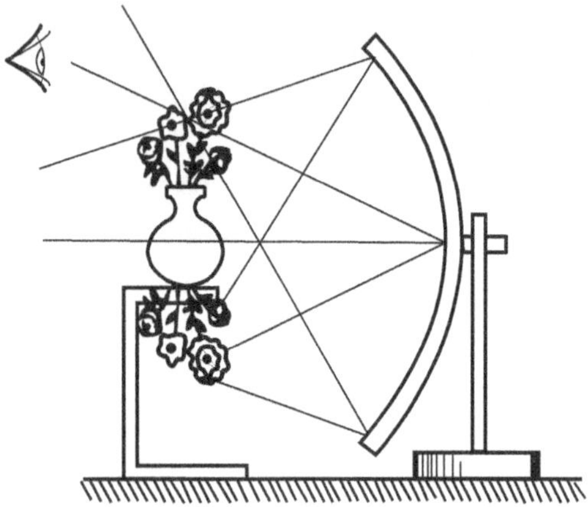

Quando o olho se coloca numa dada posição, o espelho produz uma imagem real que não é exatamente uma imagem completa, mas uma imagem montada que reflete o buquê dentro do vaso. Em outras palavras: na relação do imaginário e do real, e na constituição do mundo, tudo depende da situação do sujeito, ou seja, da posição que é o seu lugar no mundo simbólico, no mundo da palavra.

É esse lugar no mundo, simultaneamente simbólico e imaginário, que oferece ao sujeito uma possibilidade de sustentação não limitada à couraça narcísica e que tem a função de protegê-lo do mal-estar – da angústia – oriundo da falta de completude entre ele e o outro.

O modelo óptico permite a visualização da constituição das estruturas psíquicas (eu-ideal e ideal-do-eu) representantes da relação do sujeito com o Outro, viabilizando a distinção da dupla incidência do imaginário e do simbólico na constituição do sujeito.

Esse esquema se desenha melhor no artigo denominado "Observações sobre o relatório de Daniel Lagache", de 1960, que marca o terceiro momento do estudo do imaginário, quando Lacan aperfeiçoa o esquema de Bouasse acrescentando-lhe a combinação do espelho esférico com o espelho plano. A figura a seguir permite distinguir tanto a imagem real, fornecida pelo primeiro esquema do espelho côncavo, quanto a imagem virtual e unificada que se constitui com o acréscimo do espelho plano.

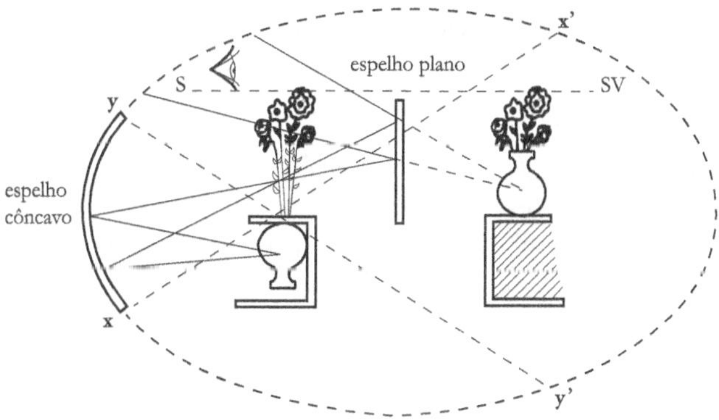

Ou seja, o espelho plano reflete a imagem virtual e confere ao objeto uma *Gestalt*, uma imagem inteira, acabada ou ideal, desde que o sujeito esteja no ponto perfeito para encontrá-la. Enquanto a imagem real, deformada e invertida, corresponde ao narcisismo primário (eu-ideal), a imagem virtual e inteira corresponde ao narcisismo secundário (ideal-do-eu), fruto do complexo de Édipo, quando atua a metáfora paterna e ocorre a assunção da palavra pelo sujeito.

Nesse momento do estudo sobre o registro do imaginário, Lacan busca uma articulação entre o estádio do espelho e o significante, lembrando a relação intrínseca entre estes e o ato da criança de, diante do espelho, "virar a cabeça" em direção ao adulto, parecendo pedir a quem a carrega que ratifique com a palavra o valor da imagem especular aí identificada.

É aqui que se situa o nó do recalque originário, já referido anteriormente, no qual se articulam o real, o simbólico e o imaginário, os três registros nomeados por Lacan, quando o sujeito constitui corpo, palavra e imagem, efetivando-se também sua divisão constitutiva em consciente e inconsciente. Se o real é representado pelo corpo despedaçado, é a palavra que advém do Outro que introduz o simbólico em suas articulações com o imaginário, permitindo ao sujeito o reconhecimento de um corpo próprio.

Em 1962, no seminário sobre a angústia, Lacan retoma o esquema óptico com o intuito de colocar em destaque o momento de emergência da angústia. Para tanto, sublinha que o investimento da imagem especular, por ter um limite, é um tempo fundamental da relação imaginária. Isto é, nem todo investimento libidinal passa pela imagem especular, nem tudo aparece no espelho, e o que aí resta, não tendo imagem especular possível, se inscreverá daí por diante como *falta* (-φ).

É a partir desse momento, denominado *divisão significante do sujeito*, representado por $\$$, que o falo se inscreverá como significante da falta em tudo aquilo que é demarcação imaginária. Ausência sempre presente. Lacan, ao introduzir a metáfora paterna, descreve esse instante em que o enigmático desejo materno é simbolizado pela criança. A instauração da divisão do sujeito revela que o falo, indicativo da falta, não podendo ser representado é efetivamente cortado, excluído da imagem especular, pois no âmbito do registro imaginário o que prima é a ilusão de completude e não a falta.

O que resta dessa operação é o que Lacan denomina *objeto a*, objeto que causa o desejo indicando que, se há significante da falta, há desejo. Lacan considera que o que não se projeta nem se investe na imagem especular é irredutível a ela, em razão de permanecer profundamente investido no nível do próprio corpo, do narcisismo primário (gozo).

A seguir apresentamos o esquema da divisão significante do sujeito.

A	S	*la jouissance* (o gozo)
a	Ⱥ	angústia
$\$$		desejo

No nível do sujeito mítico do gozo, como nomeia Lacan, representado no primeiro patamar do esquema da divisão, o grito emitido pela criança, ao ser interpretado pelo Outro, é transformado em apelo. Essa resposta revela a incompletude do Outro, sua castração, Ⱥ, que indica sua impossibilidade de a tudo responder e de satisfazer, do ponto de vista da criança. O objeto *a* é a metáfora do sujeito mítico do gozo, o que sobra dessa operação subjetiva, é o objeto perdido e, portanto, impossível.

Trata-se aqui do processo de subjetivação, pois o sujeito se constitui no lugar do Outro sob a forma primária do significante e com base no tesouro dos significantes, na linguagem, já constituídos no Outro. Como indicado, o desejo do *infans* – que significa "sem fala" – é o desejo do Outro.

Quando surge a angústia?, interroga Lacan. A angústia aparece quando algo emerge no lugar topológico que corresponderia a essa falta (-φ). Falta que sustenta a imagem corporal. O objeto *a* perdido, e por isso causador do desejo, se põe diante do sujeito e, ao emergir, provoca o desmoronamento da imagem corporal. Como mostra Freud no artigo "Angústia e vida pulsional", o que é temido – o objeto da angústia – é a emergência do momento traumático que não pode ser eliminado pelo princípio de prazer.

Essa experiência tem como efeito um acentuado caráter de desprazer acompanhado de sensações físicas mais ou menos definidas, como apontado por Freud. Por isso Lacan argumenta que, na angústia, o sujeito é premido, afetado, implicado no mais íntimo de si mesmo. E, conclui, numa perspectiva crítica à medicalização da angústia, dizendo que o desejo é o remédio para a angústia.

A angústia é exatamente essa vivência que suspende qualquer verdade, indicando a presença dessa divisão radical do sujeito, sua incompletude constitutiva, herdada do Outro, e a necessidade de reinscrição do desejo como expressão do movimento da vida.

Quando Lacan afirma que a angústia *não é sem objeto*, ele faz referência à emergência do objeto *a*, momento em que falta a falta, ou seja, falta o desejo. O objeto *a* diz respeito aos primeiros objetos do sujeito, anteriores à constituição do objeto comum, comunicável, socializado. Esses objetos primordiais são representados pelo seio, pelas fezes, pelo olhar e pela voz, e têm um denominador comum, o *nada*, e por isso não têm imagem especular, ou, dito de outra maneira, alteridade.

Num primeiro momento essa perspectiva parece contradizer a ideia freudiana de que a angústia se relaciona com a experiência de perda do objeto. Lacan, porém, ao assinalar a presença de um objeto na angústia, não considera que este seja conhecido. Ao contrário, a emergência do objeto *a* indicaria o desaparecimento do objeto amado, conhecido, constituído imaginariamente pelo investimento da libido, do desejo, e por isso esse desmoronamento da imagem especular poderia acarretar até mesmo instantes de despersonalização. O surgimento da angústia é sinal do desaparecimento momentâneo de toda referência identificatória.

Do ponto de vista clínico, a emergência da angústia pode ser reportada a algumas situações em que se presentifica para o sujeito a ausência ou a perda de uma importante referência afetiva – nesses casos, os sintomas de depressão podem aparecer como contraponto em relação à angústia. É o que indica a fala de uma analisanda que havia decidido se separar do marido: "Desde que ele saiu de casa comecei a ter insônia, do nada, porque sempre dormi muito bem. Não pensei que pudesse ser a ausência dele, afinal fui eu que quis me separar. Tinha a impressão de que se dormisse não ia mais acordar … . Aos poucos, não sei se pelo cansaço que foi me dando, comecei a sentir temores de sair na rua, depois, de ir trabalhar. Sinto um aperto no peito, um nó na garganta. Fico muito insegura, assustada, não sou mais eu…"

Às vezes a perda não é facilmente nomeável, dizendo respeito ao desaparecimento de uma dada posição ocupada pelo sujeito perto das pessoas amadas. Na clínica, é possível identificar que alguns pacientes tomados pelas chamadas crises de angústia têm um histórico pessoal de ser o esteio da família, ou seja, alguém sempre de prontidão para atender à demanda do Outro. Esse processo contínuo de alienação acaba por conduzir a uma inviabilidade de se posicionar como sujeito desejante. É o que revela uma analisanda: "Eu tenho que atender todo mundo e acabo me enrolando com as minhas coisas. Alguém pede algo e eu imediatamente me precipito. Quando essa situação não acontece me sinto só, sem saber o que fazer. Tem alguma coisa errada nisso…"

A angústia emerge quando, num dado momento, se impossibilita uma resposta à questão: "O que o Outro quer de mim? O que sou para o Outro?" Momento de desorientação em que falha o traço identificatório, exigindo do sujeito uma reinscrição do seu desejo. Relata outra analisanda: "Criei sozinha quatro filhos e agora eles já estão praticamente adultos. Trabalhava como professora e era responsável por seis turmas de crianças e adolescentes. Quando chegava a noite, ainda tinha tempo de cuidar da casa e da minha mãe, que tem tido muitos problemas de saúde. Comecei a fazer o mestrado porque queria melhorar de vida. Sempre fui considerada segura, as pessoas vinham pedir conselhos a mim! De repente, comecei a sentir um mal-estar estranho quando estava na sala de aula. Um dia passei mal quando entrei no túnel, achei que ia morrer, senti sufocação. Agora estou com medo de pegar o carro."

Se, como ensina Lacan, a angústia tem uma função mediana entre o gozo e o desejo, para aceder ao desejo é preciso atravessá-la. É por isso que ele introduz a ideia de que a função da angústia é ser sempre sinal do real.

Mas o que é a angústia como sinal do real? A angústia aparece, como já mencionado, quando algo emerge no lugar topológico da falta cifrada como -φ, quando desaparece o desejo. Esse algo, como indica Lacan, é o objeto *a*, que, ao emergir, promove o desmoronamento da imagem corporal. Por outro lado, quando Freud pontua que é a ausência do objeto que promove a angústia, refere-se a um momento em que se ausenta a imagem mnêmica do objeto da libido, do objeto amado que viabiliza para a criança a construção da imagem corporal. É quando o sujeito perde a referência do desejo do Outro, no dizer de Lacan.

No dicionário a palavra "angústia" relaciona-se, especificamente, à ideia de estreitamento, limitação, redução. Essa redução é o que impede que o homem encontre sua morada num ponto situado no Outro, para além da imagem de que somos feitos. O lugar Outro a que se refere Lacan diz respeito a algo que ultrapassa as situações imediatas, o outro imediato com o qual me identifico e no qual me apoio. A verdadeira casa do homem é aquilo que lhe faz falta. Paradoxalmente, é apenas a possibilidade da ausência que permite a segurança da presença.

Essa verdade paradoxal encontra-se afirmada em versos do poema "Ausência", de Carlos Drummond de Andrade: "Não há falta na ausência./ A ausência é um estar em mim./ E sinto-a, branca, tão apegada, aconchegada nos meus braços,/ que rio e danço e invento exclamações alegres,/ porque a ausência, essa ausência assimilada,/ ninguém a rouba mais de mim."

Lacan pontua que a angústia é da ordem da aproximação, quando aquilo que deveria ficar afastado dos olhos, que não deveria ter vindo à luz, emerge. É quando falta a falta, quando falta esse lugar Outro, verdadeira morada do homem, e surge em seu lugar a experiência do *Unheimlich*, o inquietante, o estranho, conforme aponta Freud.

Mas se, como diz Lacan, a angústia é sempre sinal do real, onde situar a chamada angústia automática ou real nomeada por Freud?

Nos patamares da divisão significante do sujeito (ver esquema da página 69) Lacan localiza a experiência da angústia entre o gozo e o desejo, considerando-a sinal do real. A ideia freudiana de angústia automática/real pode ser situada no primeiro patamar, no qual Lacan circunscreve o gozo. Gozo como experiência de encontro do real, que apresenta uma dimensão traumática, caracterizando um momento em que o sujeito revive o desamparo originário.

Como já assinalado, reconhecer a distinção freudiana entre angústia sinal e angústia real ou automática se reveste de importância clínica, pois não é a mesma coisa um sujeito ser atravessado pelo sinal de angústia ou ser tomado pela crise de angústia. A presença de um sinal viabiliza alguma referência que lhe permite se orientar. Na realidade, a distinção entre as duas modalidades de angústia fornece ao analista uma importante bússola, especialmente no que diz respeito ao manejo clínico nas entrevistas preliminares. As pessoas que sofrem de crises de angústia dificilmente suportarão mais angústia oriunda, por exemplo, de uma atitude excessivamente silenciosa por parte do psicanalista.

Nessas situações, destaca-se a importância da voz humana, que pode vir a contornar o real que invade o sujeito. Não se trata, no entanto, de orientar ou aconselhar as pessoas que sofrem de crises de angústia, mas de, a partir da introdução da voz do analista, presentificar a esperança na emergência do desejo humanizante.

A clínica psicanalítica e a travessia da angústia

A psicanálise nos ensina que o desamparo é a marca originária do sujeito. Marca que cria uma dependência radical em relação a outro ser humano, alienação originária que torna a humanização dependente da presença do desejo do Outro. Estamos assim, desde o início da vida, enlaçados nessa rede significante – eis o determinismo da psicanálise.

São as marcas deixadas pelas primeiras experiências de satisfação que abrem as vias para a constituição da realidade psíquica, da fantasia inconsciente que serve de proteção em relação ao reencontro com o desamparo fundamental. O homem deseja porque a satisfação de suas necessidades vitais passa originariamente por um apelo dirigido ao Outro, o que de imediato altera a simples satisfação, que assim se transforma em demanda de amor. Na relação com o Outro primário é exatamente aquilo que este Outro não tem – representado pelo falo – que introduz o sujeito na errância do desejo e na possibilidade de uma busca infinita de objetos substitutos.

Se, por um lado, é a partir da presença do Outro primário que a criança é lançada no mundo do sentido, por outro, é também esse fato que instaura a dependência que aliena todo sujeito. Esse é o paradoxo constitutivo do ser humano e de sua divisão radical. Nessa perspectiva, a máxima do filósofo francês Descartes "Penso, logo existo" será retomada por Lacan, em "A instância da letra no inconsciente", sofrendo uma torção definitiva que inclui a noção de inconsciente e essa dependência radical ao Outro: "Penso onde não sou, logo sou onde não penso."

Como não existe satisfação absoluta, porque somos marcados primariamente pela falta, a possibilidade de usufruir a felicidade dependerá da instauração de uma distância em relação ao desejo desse Outro, mediação simbólica necessária que permitirá uma apropriação pessoal das insígnias que nos determinam. A construção desse distanciamento e dessa apropriação é também o momento de passagem por um fosso, um vazio que se abre, remetendo o sujeito à experiência da angústia. Reencontro do real que nos lança de volta ao desamparo, exigindo um trabalho psíquico de reconstrução do sentido.

É comum a psicanálise ser criticada por se sustentar em uma perspectiva determinista do sujeito. De fato, existe um determinismo inconsciente que nos marca desde as origens, mas a experiência psicanalítica, ao nos colocar diante do saber inconsciente, abre a possibilidade das escolhas singulares e do livre-arbítrio. É aqui que se situa a importância fundamental do encontro com a angústia. É só depois de superada a angústia ou, ainda, é só depois de fundamentado no tempo da angústia que o desejo se constitui, viabilizando as escolhas do sujeito. Lacan especifica que só existe superação da angústia quando o Outro é nomeado, o que significa dizer que essa superação se efetiva quando a palavra retorna em sua forma plena. Considera também que é a partir da angústia que a ação do sujeito pode retirar sua certeza, alguma certeza em relação às suas escolhas. Dessa maneira, Lacan positiva a função da angústia no tratamento psicanalítico e na vida de um modo geral.

Mas, afinal, retomando uma das interrogações que introduzem este livro, "psicanálise cura crise de ansiedade?".

Antes de qualquer coisa, a psicanálise não pode curar o sujeito daquilo que efetivamente marca sua condição de sujeito, ou seja, sua divisão, conforme exposto. Por outro lado, a exacerbação da angústia é reveladora do conflito neurótico e da abdicação do desejo como inscrição da falta, em prol da demanda do Outro e, por isso, existe uma direção de cura que norteia a prática psicanalítica fundamentada na ética da psicanálise.

Nesse sentido, a problemática da angústia se articula radicalmente com a ética da psicanálise. Se há uma ética é porque a experiência da análise fornece algo de muito específico que se coloca como medida da ação humana e não se confunde com nenhuma perspectiva moral universal. Pode-se até mesmo dizer que o tratamento psicanalítico consiste, em última instância, em um processo de descoberta da medida de cada um.

Como afirma Lacan no seminário sobre a ética da psicanálise, essa medida não se vincula de modo algum ao que se chama de serviços de bens, e é por isso que o sucesso de uma análise não pode estar atrelado a uma adaptação às expectativas sociais nem mesmo ao conforto individual alcançado. Uma análise é bem-sucedida quando permite ao homem situar para si mesmo aquilo que é fundamental para a sua existência, ao reconhecer a dimensão trágica da vida, ou seja, aquilo que é da ordem do impossível, a fim de encontrar a partir daí a medida para a sua felicidade.

Dessa forma, a questão da angústia e da ética desnuda radicalmente a relação de cada homem com o próprio desejo nesse curto espaço de tempo entre seu nascimento e sua morte. "Agiste de conformidade com o teu desejo?" Eis uma importante questão com que a análise nos confronta.

Num belíssimo conto chamado "O espelho", Guimarães Rosa expressa de maneira poética algo muito próximo daquilo que se vive em uma experiência psicanalítica. Narrado na primeira pessoa, o conto descreve o ato de decisão e coragem que conduz o personagem a abdicar, progressivamente, dos contornos de uma imagem própria sedimentada ao longo da vida na busca de uma essência primeira. Essa experiência acaba por conduzi-lo a momentos de despersonalização, quando não mais se reconhece no espelho. Esse difícil caminho culmina no instante em que o narrador lança a si mesmo uma interrogação fundamental, sem a qual a vida de uma pessoa não consegue alcançar toda a sua importância: "Chegaste a existir?"

É muito frequente ouvir que a psicanálise não seria adequada para tratar certos tipos de problemas. As justificativas são, por exemplo, que o tratamento analítico demanda tempo demais para alguém em crise, com urgência de cura. Ou, ainda, que a ação de uma terapêutica deveria ser mais eficaz, no sentido de retirar o sintoma que causa o sofrimento, visto que o mundo atual exige respostas mais ágeis.

Com relação à primeira questão, cabe afirmar que o tempo cronológico não é necessariamente o tempo vivido pela pessoa. Sabemos que, às vezes, um minuto pode parecer uma eternidade, enquanto uma década pode, como se diz, "passar voando". A questão do tempo é relativa – o "muito" ou o "pouco" –, depende da vivência do sujeito. Curioso é que, não raro, algumas pessoas acabam procurando atendimento psicanalítico depois de vários anos de tentativas com outras formas de tratamento que, aparentemente, prometiam uma cura imediata para o seu sofrimento.

Com relação ao segundo ponto, ou seja, a necessidade de medidas mais eficazes e rápidas para tratar de problemas urgentes, cabe indagar de quem é a urgência. E vale reiterar que o percurso e o tempo de duração de uma análise dependem do engajamento do próprio sujeito. Nesse sentido, lembro-me de um rapaz que veio procurar ajuda após ter passado por outros tratamentos, e sua primeira frase foi: "Vim aqui para terminar meu tratamento!" Curiosa frase para quem inicia um trabalho clínico. Efetivamente, seu trabalho analítico foi intenso e, de certa forma, rápido. Apesar de nem sempre o desejo da pessoa estar tão evidente, o que merece ser destacado é que a maneira como se começa uma análise revela, de certo modo, os princípios de seu fim.

O que a psicanálise nos ensina é que o sintoma é algo paradoxal, uma verdadeira formação de compromisso entre o desejo e a defesa; e implica aquilo que Freud denominou de ganho secundário da doença, e Lacan, por sua vez, de gozo no sintoma. Esse gozo presente no sintoma é aquilo que impossibilita, por princípio, sua mera extirpação como se o sintoma fosse algo que não pertencesse ao sujeito.

"O que vou fazer sem a minha tristeza e sem a minha angústia?", interrogava-se uma moça em análise ao atravessar um difícil período de seu tratamento. Frase que lembra este trecho da linda música "De mais ninguém", de Marisa Monte e Arnaldo Antunes: "… Se ela me deixou a dor,/ é minha só, não é de mais ninguém ... É meu troféu/ é o que restou,/ é o que me aquece sem me dar calor./ Se eu não tenho o meu amor,/ eu tenho a minha dor..."

Mais uma vez se afirma aqui a necessidade de escolha do sujeito, escolha que precisa ser renovada nos momentos mais espinhosos do tratamento. Como disse certa vez uma colega: "O que de fato me fez insistir na minha análise foi saber que aquele caminho era uma escolha minha e que eu poderia desistir se assim o quisesse." A indagação que sempre retorna nesses instantes da travessia analítica é: *que queres?*

De qualquer modo, não se trata de *receitar* psicanálise para todo mundo. A razão, porém, de não se universalizar tal indicação não é porque existam restrições ao tratamento de determinados problemas, mas porque são imprescindíveis o engajamento e a responsabilização do paciente para que possa, de fato, ser beneficiado por essa prática, conforme argumenta Denise Maurano no livro *Para que serve a psicanálise?*.

A análise, em última instância, coloca o homem diante de um compromisso com a sua existência: assumir a angústia que o atravessa, considerando o determinismo e a responsabilidade pelo que o habita. Como ensina Freud no artigo "Responsabilidade moral pelo conteúdo dos sonhos" (1925), devo acolher o estranho que me habita como meu íntimo e familiar.

Esse foi um dos motivos que fizeram Freud sublinhar a importância das entrevistas preliminares – espécie de ensaio antes do início do tratamento – para avaliar as condições de o paciente ser beneficiado pela psicanálise. Em linhas gerais, essas condições dizem respeito à possibilidade de o sujeito se implicar no seu sintoma, se interrogar sobre o aparecimento desse mal-estar em relação à sua posição na vida. Em outras palavras, trata-se de fazer do sintoma uma questão que desperte na pessoa o *desejo de saber*. É nesse sentido que a experiência psicanalítica é, simultaneamente, tratamento e investigação.

É esse desejo de saber que conduz o sujeito ao desvendamento da fantasia que sustenta seu mundo subjetivo, sua estrutura psíquica, que nada mais é do que um modo peculiar e repetitivo de o sujeito amar e se posicionar no mundo. Como já foi sublinhado, o momento da angústia é o instante em que esse modo de funcionar, por uma razão ou outra, falha, levando ao desmoronamento da imagem própria.

O que norteia o modo de amar e de agir de uma pessoa é a fantasia que se constitui no encontro com o Outro, é o modo próprio de responder ao desejo do Outro, na expectativa de encontrar garantias para a existência marcada pelo desamparo. Busca-se um lugar de reconhecimento e, consequentemente, um lugar de gozo que recobriria a falta.

Ao solicitar ao analisando uma fala plena, uma fala o mais desprovida possível de censuras, o psicanalista permite a emergência do desejo inconsciente que se presentifica no aqui e agora do discurso, conduzindo ao que Lacan denominou *travessia da fantasia*, ou seja, o desvelamento desse modo próprio de o sujeito se posicionar na vida. Tal percurso conduz a um verdadeiro luto em relação aos objetos primários, na medida em que certas verdades que norteiam a vida passam a ser relativizadas. Com isso, um reposicionamento em relação ao desejo do Outro pode ser construído. A psicanálise, nesse sentido, é uma experiência de luto em que a pessoa aprende a suportar a angústia ligada ao desprendimento de laços libidinais com os objetos primários. É essa suspensão que permite a renovação dos investimentos em outros laços amorosos.

Lacan certa vez indicou que a estrutura da angústia era a mesma da fantasia, dois lados de uma mesma moeda, moedas da dívida simbólica em relação ao Outro que nos constituiu. Nessa perspectiva, pode-se afirmar também que, homologamente à travessia da fantasia, haveria uma travessia da angústia constitutiva da experiência psicanalítica. Tal perspectiva se coaduna com o que o psicanalista francês Paul-Laurent Assoun denomina prova da angústia, quando se atinge o coração do conflito inconsciente.

Mas que paradoxo! O sujeito procura o analista para se livrar da angústia e a análise conduz o sujeito à angústia?

Não deixa de ser um paradoxo, mas são, de fato, situações qualitativamente bastante diferentes. No primeiro caso, trata-se da angústia neurótica, aquela articulada ao recalque do desejo e que se impõe com uma intensidade cada vez maior à medida que também se intensifica o *não querer saber nada disso* característico da defesa. Em outras palavras, a angústia que emerge articulada ao sintoma neurótico é uma tentativa de defesa contra o desamparo originário. Como diz Freud em "A angústia", "o homem se protege do horror mediante a angústia". No segundo caso, trata-se da angústia que acompanha o encontro com o desconhecido que permeia a existência – angústia incurável. A travessia da angústia que segue paralela à experiência psicanalítica depende do trabalho do analisando e do seu consentimento consciente e inconsciente. Por isso Lacan explica que, ao entrar em análise, o sujeito substitui o seu sintoma criando o *sintoma analítico*, ou, nos dizeres de Freud, substitui sua neurose por uma *neurose de transferência.*

No seminário *Os quatro conceitos fundamentais da psicanálise*, Lacan sustenta que a arte de escutar – que delineia a presença do analista – equivale quase à de bem-dizer, para a qual o analisando é convocado, pois a situação do desejo está profundamente marcada, unida, à função da linguagem. O analisando é levado a um verdadeiro exercício no sentido de buscar explicitar cada vez mais, para ele mesmo, aquilo que o atravessa.

No mesmo seminário, ao discutir as dificuldades da experiência psicanalítica, observa que nenhuma práxis, mais do que a análise, é orientada para aquilo que, no âmago da experiência, é o núcleo do real. Esse encontro com o indizível característico da clínica psicanalítica coloca essa experiência num limiar distinto das demais clínicas (psicológica ou psiquiátrica), além de também situar a ciência psicanalítica numa posição diferente das outras.

Esse percurso depende radicalmente da função do analista, que deve ser o suporte não só do desejo, mas também da angústia que aí emerge. Ser o suporte significa oferecer um acolhimento, suportar, dar uma sustentação que permita a travessia. Do lado do analista, é sempre necessária uma avaliação do quanto de angústia o sujeito é capaz de experimentar a cada momento do percurso e, do lado do analisando, cabe, por sua vez, insistir em um trabalho que requer coragem, conforme desenvolvi no artigo "Desamparo, culpa e coragem na cultura contemporânea", publicado anteriormente.

Falar em percurso de uma análise levanta a questão do seu objetivo e do conceito de sublimação a ele atrelado, noção retomada por Lacan no seminário sobre a ética da psicanálise.

A palavra "sublimação" envolve duas perspectivas: a ideia de sublime, oriunda do domínio das belas-artes e que designa uma produção que sugere grandeza e elevação; e, por outra via, uma perspectiva que advém da química e designa a passagem direta de um corpo do estado sólido ao gasoso. As duas perspectivas são importantes para o campo psicanalítico, ambas sugerindo metaforicamente a ideia de algo que se eleva e se sustenta no ar, momento que também caracteriza uma passagem. Esse conceito, que Freud não chegou a elaborar completamente, é fundamental para pensar a criação artística, as atividades intelectuais e o trabalho na cultura de um modo geral.

Em Freud, a sublimação implica uma mudança no alvo (prazer) e no objeto da pulsão sexual, sem perda da intensidade da força pulsional. Trata-se de uma passagem que para ser bem-sucedida, conforme expõe nas *Conferências introdutórias à psicanálise*, depende do montante de libido não empregada que uma pessoa é capaz de manter em suspensão. Ou seja, depende da capacidade individual de suportar uma dada quantidade de desprazer, ou de angústia, durante certo período de tempo.

A angústia deve ser entendida como uma espécie de lugar onde se entrecruzam as linhas e as malhas de uma rede desejante. É preciso supor que a partir desse ponto obscuro tudo também se irradia, porque tudo aí sempre retorna. A angústia é, ao mesmo tempo, ponto de interrupção, ponto de sideração e ponto a partir do qual seguem os trilhos do desejo. O aparecimento da inquietante estranheza é sempre repentino, súbito, é um instante rapidamente extinto, mas que nunca falta. Tal emergência é claramente indicada na dimensão do teatro, quando das três batidas que anunciam a abertura da cortina! Esse tempo introdutório permite também a constituição de um certo valor para as coisas, espécie de ritual de passagem e de renascimento do sujeito.

É por isso que a vida é sempre reconstrução. Reinventar a vida, ser um criador da própria vida – que assim se faz obra – é a proposta da psicanálise. Nesse sentido, a experiência psicanalítica visa conduzir o sujeito o mais longe possível na construção de algo novo, apesar das determinações inconscientes.

Em sua viagem poética denominada "Terra", Cecília Meireles nos ensina um pouco desse caminho: "Fui mudando a minha angústia/ numa força heroica de asas."

Referências e fontes

Para a abordagem e o desenvolvimento dos temas relacionados abaixo, foram consultados os seguintes trabalhos, entre livros e artigos:

1. Angústia na filosofia

Heidegger, Martin. *Ser e tempo*. Parte I. Petrópolis, Vozes, 1998.

_______. *Que é metafísica?*. Col. Os Pensadores, vol.XLV. São Paulo, Abril Cultural, 1973.

Kierkegaard, Sören. *O conceito de angústia*. Rio de Janeiro, Vozes, 2010.

Platão. "Alegoria da caverna", in *República*, livro VII. Rio de Janeiro, Ediouro, 1996.

Sartre, Jean-Paul. *Entre quatro paredes*. Rio de Janeiro, Civilização Brasileira, 2007.

_______. *O ser e o nada*. Rio de Janeiro, Vozes, 2005.

Sêneca. *Tranquilidade da alma*. Col. Clássicos de Bolso. Rio de Janeiro, Ediouro, 1996.

Sousa, Francisco Antonio. *Novo dicionário latino-português*. Rio de Janeiro/Porto, Lello & Irmão Editores, 1961.

2. Campo médico e angústia

Canguilhem, George. "Cérebro e pensamento", *Revista Eletrônica de Filosofia e Psicanálise*, vol.8, n.1, jun 2006, p.183-210.

Classificação de Transtornos Mentais e de Comportamento da Classificação Estatística Internacional de Doenças (CID-10) – Descrições Clínicas e Diretrizes Diagnósticas. Organização Mundial de Saúde (OMS). Genebra/ Porto Alegre, 1993.

Cordioli, Aristides Volpato. *Psicofármacos consulta rápida*. Porto Alegre, Artes Médicas, 1997.

Foucault, Michel. *História da loucura*. São Paulo, Perspectiva, 1972.

_______. "O nascimento do hospital", in *Microfísica do poder*. Rio de Janeiro, Graal, 1990.

_______. *O nascimento da clínica*. Rio de Janeiro, Forense Universitária, 1994.

Manual Diagnóstico e Estatístico de Transtornos Mentais DSM-IV. American Psychiatric Association. Porto Alegre, Artmed, 1994.

Pelbart, Peter Pál. *A nau do tempo-rei*. Rio de Janeiro, Imago, 1993.

Pereira, Mario Eduardo Costa. *Pânico e desamparo*. São Paulo, Escuta, 1999.

_______. *Psicopatologia dos ataques de pânico*. São Paulo, Escuta, 2003.

Pinel, Philippe. *Tratado médico-filosófico sobre a alienação mental e a mania*. Porto Alegre, UFRGS, 2007.

3. Obra freudiana

Todos os livros consultados tomaram por base a *Edição Standard Brasileira das Obras Psicológicas Completas de Sigmund Freud* (*ESB*), Rio de Janeiro, Imago, 1977.

Freud, Sigmund. "Sobre os critérios para destacar da neurastenia uma síndrome particular intitulada 'neurose de angústia'", in *ESB*, vol.III, [1894].

______. "Projeto de uma psicologia científica", in *ESB*, vol.I, [1895].

______. *A interpretação dos sonhos*, in *ESB*, vol.IV, [1900].

______. "Três ensaios sobre a teoria da sexualidade", in *ESB*, vol.VII, [1905].

______. "Sobre o narcisismo: uma introdução", in *ESB*, vol.XIV, [1914].

______. "A angústia", in *ESB*, vol.XVI, [1916-17, publ. 1917], p.461.

______. "O estranho", in *ESB*, vol.XVII, [1919].

______. "Além do princípio de prazer", in *ESB*, vol.XVIII, [1920].

______. "Dois verbetes de enciclopédia", in *ESB*, vol.XVIII, [1922, publ. 1923].

______. "O problema econômico do masoquismo", in *ESB*, vol.XIX, [1924].

______. "As resistências à psicanálise", in *ESB*, vol.XIX, [1924, publ. 1925].

______. "Responsabilidade moral pelo conteúdo dos sonhos", vol.XIX, [1925].

______. "Inibições, sintomas e angústia", in *ESB*, vol.XX, [1925, publ. 1926].
______. "Angústia e vida pulsional", in *ESB*, vol.XXII, [1932, publ. 1933].

4. Obra de Jacques Lacan

Com relação à obra de Lacan, observo que o conceito de nó borromeano, citado na seção "Freud e as duas teorias da angústia", surgiu quando Lacan, na década de 1970, durante um jantar, viu o brasão da família Borromeu. Composto por três círculos, simbolizando uma tríplice aliança, sua especificidade reside no fato de que, se um dos anéis for retirado, os outros dois ficam livres. A partir de então Lacan reelaborou os registros real, simbólico e imaginário apoiando-se no *nó* para demonstrar sua articulação. A seguir, as obras consultadas.

Lacan, Jacques. *O Seminário*, livro 1, *Os escritos técnicos de Freud*. Rio de Janeiro, Zahar, 1986.
______. *O Seminário*, livro 7, *A ética da psicanálise*. Rio de Janeiro, Zahar, 1988.
______. *O Seminário*, livro 11, *Os quatro conceitos fundamentais da psicanálise*. Rio de Janeiro, Zahar, 1988.
______. "Observações sobre o relatório de Daniel Lagache", in *Escritos*. Rio de Janeiro, Zahar, 1998.
______. "O estádio do espelho como formador da função do [eu]", in *Escritos*. Rio de Janeiro, Zahar, 1998.

______. "A instância da letra no inconsciente", in *Escritos*. Rio de Janeiro, Zahar, 1998, p.251.

______. *O Seminário*, livro 5, *As formações do inconsciente*. Rio de Janeiro, Zahar, 1999.

______. *O Seminário*, livro 10, *A angústia*. Rio de Janeiro, Zahar, 2004.

______. *O Seminário*, livro 2, *O eu na teoria de Freud e na técnica da psicanálise*. Rio de Janeiro, Zahar, 2ª ed., 2010, p.17.

5. Literatura e poesia

Andrade, Carlos Drummond de. *Corpo: Novos poemas*. Rio de Janeiro, Record, 1986.

Baudelaire, Charles. *As flores do mal*. São Paulo, Martin Claret, 2002.

Meireles, Cecília. *Poesia Completa vol I*. Antonio Carlos Secchin (org.). Rio de Janeiro, Nova Fronteira, 2001.

Rosa, João Guimarães. "O espelho", in *Primeiras histórias*. Rio de Janeiro, José Olympio, 1975.

Tchekhov, Anton Pavlovitch. *O malfeitor e outros contos da Velha Rússia*. São Paulo, Ediouro, s.d.

Leituras recomendadas

Para maior aprofundamento dos temas aqui abordados, recomendamos a leitura de:

"Ansiedade e uso racional de benzodiazepínicos", *Psique Web Psiquiatria Geral*. Disponível em: http://virtualpsy.locaweb.com.br. Acesso em: 5 mar 2005.

"Antipsicóticos podem levar a ganho de peso e a alterações lipídicas em crianças", *Medical Journal*, 2 dez 2009. Disponível em: http://www.news.med.br. Acesso em: 24 out 2010.

Assoun, Paul-Laurent. *Leçons psychanalytiques sur l'angoisse*. Paris, Anthropos, 2002.

Coser, Orlando. *De corpo e alma, cabeça e coração*. Rio de Janeiro, Garamond, 2006.

Freitas, Ida (org.). *Angústia*. Salvador, Associação Científica Campo Psicanalítico, 2006.

Jorge, Marco Antonio Coutinho. *Fundamentos da psicanálise de Freud a Lacan: As bases conceituais*. Rio de Janeiro, Zahar, 2000. (Especialmente o capítulo IV, "O objeto perdido do desejo".)

Leite, Sonia. "Desamparo, culpa e coragem na cultura contemporânea", *Tempo Psicanalítico*, vol.33, Rio de Janeiro, 2001, p.137-53.

______. "Angústia, recalque e foraclusão", *Psicanálise & Barroco em Revista*, ano 7, n.1, jul 2009. Disponível em: www.psicanaliseebarroco.pro.br/revista

______. "Silêncio, solidão e escuridão: a travessia da angústia", in Flávio Garcia e Marcus Alexandre Motta (orgs.). *O insólito e seu duplo*. Rio de Janeiro, Eduerj, 2009.

Maurano, Denise. *Para que serve a psicanálise?*. Rio de Janeiro, Zahar, 2003.

Souza, Neusa Santos e Maria Silva G.S. Hanna (orgs.). *O objeto da angústia*. Rio de Janeiro, Letras, 2005.

Sobre a autora

Sonia da Costa Leite é psicanalista e doutora em psicologia clínica pela PUC-Rio. Dedica-se desde 1990 à assistência e à pesquisa na área de psicanálise e saúde mental. Vinculada ao Centro Psiquiátrico do Rio de Janeiro (CPRJ), exerce a função de professora visitante no Programa de Pós-graduação em Clínica e Pesquisa em Psicanálise da Universidade do Estado do Rio de Janeiro (Uerj), onde desenvolve projeto de pesquisa sobre suplência na psicose. Membro do Corpo Freudiano Escola de Psicanálise – Seção Rio de Janeiro, coordena a Secretaria de Cartéis da Escola.

Autora de diversos artigos publicados em livros e revistas especializadas, destaca, além dos incluídos na seção "Leituras recomendadas": "O psicanalista amador e os três desejos, sobre o desejo do analista" e "O cartel e o desejo de saber na Escola", in Marco Antonio Coutinho Jorge (org.), *Lacan e a formação do psicanalista* (Rio de Janeiro, Contra Capa, 2006); "Delírio: contorno do real", *Revista Psychê* (São Paulo, Universidade de São Marcos, ano X, n.17, 2006); "As resistências do psicanalista (e outras) na saúde mental", *Revista Estudos e Pesquisa em Psicologia* (Rio de Janeiro, Uerj, ano 8, n.1, 2008).

Agradecimentos especiais a Clarice Gatto, Lucia Perez e Rita Barcellos, do Cartel Interinstitucional sobre a Angústia – 2007-2008, em que foi possível criar um espaço rico em interlocuções sobre o tema; e a Marco Antonio Coutinho Jorge, pelas importantes sugestões na preparação deste livro.

E-mail: soniacleite@uol.com.br.

Psicanálise **PASSO-A-PASSO**

- **O adolescente e o outro**
  Sonia Alberti
- **Mito e psicanálise**
  Ana Vicentini de Azevedo
- **Sonhos**
  Ana Costa
- **Édipo**
- **Psicanálise com crianças**
  Teresinha Costa
- **Freud: criador da psicanálise**
- **Lacan, o grande freudiano**
  Marco Antonio Coutinho Jorge e Nadiá Paulo Ferreira
- **A sublimação**
  Orlando Cruxên
- **Freud e a religião**
  Sérgio Nazar David
- **O conceito de sujeito**
  Luciano Elia
- **A teoria do amor**
  Nadiá Paulo Ferreira
- **Histeria: o caso Dora**
  Nadiá Paulo Ferreira e Marcus Alexandre Motta
- **A interpretação**
  Laéria Fontenele
- **Freud e a cultura**
  Betty Fuks
- **Política e psicanálise**
  Ricardo Goldenberg
- **A psicose**
  Andréa M.C. Guerra
- **Angústia**
  Sonia Leite
- **Linguagem e psicanálise**
  Leila Longo
- **Para que serve a psicanálise?**
- **A transferência**
  Denise Maurano
- **Depressão e melancolia**
  Urania Tourinho Peres
- **Feminino/masculino**
  Maria Cristina Poli
- **Os outros em Lacan**
  Antonio Quinet
- **A neurose obsessiva**
  Maria Anita Carneiro Ribeiro
- **Arte e psicanálise**
- **Cinema, imagem e psicanálise?**
  Tania Rivera
- **Trauma**
  Ana Maria Rudge
- **A paixão**
  Marcus André Vieira
- **Educação e psicanálise**
  Rinaldo Voltolini